現代経済学

依田高典

現代経済学（'19）
©2019　依田高典

装丁・ブックデザイン：畑中　猛
s-38

まえがき

　本書は現代経済学を，1968年に設立されたアルフレッド・ノーベル記念経済学スウェーデン国立銀行賞（いわゆるノーベル経済学賞）の歴史を振り返りながら学んでいこうという，ユニークな試みです。取り上げる経済学者は38名のノーベル賞経済学者。また，将来の受賞が嘱望される6名の経済学者，惜しくもノーベル経済学賞に手が届かなかった2名の経済学者も紹介します。

　ノーベル賞受賞者に選ばれるくらいだから，皆，一筋縄でも二筋縄でもいかないくせ者揃いです。特に，初期の頃は大恐慌時代に青春時代を送ったり，第二次世界大戦時代に祖国を失ったりした者が多くいます。そうした歴史の激動期の記憶が，彼らの経済思想に影響を与えていないと考えることの方が不自然でしょう。時代が下り，1990年代に入ると，ノーベル経済学賞の受賞の傾向に変化があり，新しい分野の創造に重きが置かれた選考が行われるようになると，大恐慌や戦争といった時代性よりも，創造力を育む環境や個性の方が重要になってきます。

　ノーベル経済学賞の歴史を学ぶことはその学問体系のみならず，人間の生きざまを学ぶことでもあり，20世紀から21世紀への時代の移ろいを学ぶことでもあります。本書を通じて経済学の無味乾燥なテキストとは一風変わったテーストを味わっていただければと願います。

2018年5月
依田高典

目次

まえがき 3

1 | ノーベル経済学賞の誕生 7
1. ノーベル経済学賞はどうやって決まるのか 7
2. ラグナル・アントン・キティル・フリッシュ 12
3. ポール・サミュエルソン 16

2 | ミクロ経済学の新展開 24
1. ジョン・R・ヒックス 24
2. ケネス・J・アロー 29
3. ジョン・F・ナッシュ・Jr. 35

3 | マクロ経済学の新展開 40
1. ロバート・M・ソロー 40
2. ロバート・E・ルーカス・Jr. 45
3. エドワード・C・プレスコット 50

4 | 計量経済学の説明する力 57
1. ローレンス・R・クライン 57
2. ジェームズ・J・ヘックマン 61
3. クリストファー・A・シムズ 66

5 | シカゴ学派の反ケインズ革命 73
1. ミルトン・フリードマン 73
2. ジョージ・J・スティグラー 79
3. ゲーリー・S・ベッカー 84

6 | 金融経済学の功罪　90
1．ジェームズ・トービン　90
2．ハリー・M・マーコヴィッツ　95
3．マイロン・S・ショールズ　99

7 | 国際経済学の巨星たち　106
1．ベルティル・オリーン　106
2．ロバート・A・マンデル　111
3．ポール・クルーグマン　116

8 | 情報経済学の説明する力　122
1．ジョージ・A・アカロフ　122
2．ヨゼフ・E・スティグリッツ　127
3．ジャン・ティロール　132

9 | 市場と組織の経済学のはざま　139
1．ロナルド・H・コース　139
2．オリバー・E・ウィリアムソン　144
3．オリバー・ハート　149

10 | 社会経済学が見据える射程　155
1．グンナー・ミュルダール　155
2．フリードリヒ・アウグスト・フォン・ハイエク　159
3．アマルティア・セン　165

11 | 歴史と政治の経済学の交差点　172
1．ダグラス・C・ノース　172
2．トーマス・C・シェリング　178
3．アンガス・ディートン　182

12 | 市場を設計する経済学　188
　1．ヴァーノン・L・スミス　188
　2．ウイリアム・S・ヴィックレー　193
　3．アルヴィン・E・ロス　197

13 | 行動経済学の下克上　204
　1．ハーバート・A・サイモン　204
　2．ダニエル・カーネマン　209
　3．リチャード・H・セイラー　214

14 | 経済学の未来を担う大器　クラーク賞の受賞者達　221
　1．クラーク賞の歴史　221
　2．クラーク賞に見る実証革命の担い手達　224
　3．クラーク賞の栄冠に輝くその他の俊才　234

15 | ノーベル経済学賞の忘れもの　239
　1．ノーベル経済学賞の歴史　239
　2．ノーベル経済学賞の忘れもの　243
　3．ノーベル経済学賞の未来　250

　ノーベル経済学賞歴代受賞者　255

索引　260

1 | ノーベル経済学賞の誕生
フリッシュ／サミュエルソン

《本章のポイント》 アルフレッド・ノーベルの遺言にもとづくものではありませんが，1968年にスウェーデン国立銀行によって，アルフレッド・ノーベル記念経済学スウェーデン国立銀行賞（いわゆるノーベル経済学賞）が創設されました。この受賞者が一体どうやって決まるのか，第1回受賞者のフリッシュと第2回受賞者のサミュエルソンを例にとり解説します。とりわけ，サミュエルソンの功績は20世紀の経済学全般に渡り，その影響力は巨大です。

《キーワード》 ノーベル経済学賞，計量経済学，数理経済学

1. ノーベル経済学賞はどうやって決まるのか

(1) ノーベル経済学賞の誕生

ノーベル賞は，ダイナマイトの発明者で巨万の富を築いたアルフレッド・ノーベルの遺言にもとづき1895年に設立され，1901年から授賞が始まった世界で最も有名な学術賞のことです。物理学・化学・生理学医学・文学・平和の5分野があり，1968年に「アルフレッド・ノーベル記念経済学スウェーデン国立銀行賞」，いわゆるノーベル経済学賞が増設され，1969年にその第1回授賞が行われました。

10月初旬に，各賞の受賞者が発表され，授賞式はノーベルの命日である12月10日に平和賞を除いてスウェーデンのストックホルムで挙行されます。受賞者には賞金，賞状，メダルが贈られます。気になる賞金ですが，1,000万スウェーデン・クローナ（約1億円）。受賞者が複数いる

表 1-1　日本人ノーベル賞受賞者一覧

物理学賞	受賞者	業績
1949	湯川　秀樹	中間子理論
1965	朝永振一郎	量子電気力学
1973	江崎玲於奈	トンネル効果
2002	小柴　昌俊	宇宙ニュートリノ
2008	小林　　誠 益川　敏英 南部陽一郎	CP対称性の破れ 自発的対称性の破れ
2014	赤崎　　勇 天野　　浩 中村　修二	青色発光ダイオード
2015	梶田　隆章	ニュートリノ振動

化学賞	受賞者	業績
1981	福井　謙一	化学反応過程
2000	白川　英樹	導電性高分子
2001	野依　良治	不斉反応
2002	田中　耕一	生体高分子の同定
2008	下村　　脩	緑色蛍光タンパク質
2010	根岸　英一 鈴木　　章	クロスカップリング

生理学・医学賞	受賞者	業績
1987	利根川　進	抗体の遺伝的原理
2012	山中　伸弥	細胞初期化
2015	大村　　智	感染症の治療法
2016	大隅　良典	オートファジー

文学賞	受賞者	業績
1968	川端　康成	『伊豆の踊子』
1994	大江健三郎	『個人的な体験』

平和賞	受賞者	業績
1974	佐藤　栄作	非核三原則

注：元日本国籍者2名（南部陽一郎・中村修二）含む。

場合は分配します。

　日本でも，ノーベル賞に対する注目は非常に高く，毎年，秋になると，ノーベル賞予想が新聞・テレビを賑わし，日本人から受賞者が選ばれた場合，しばらくの間，国中がお祭り騒ぎになることもあります。

　1949年，日本人で初めて，湯川秀樹博士へノーベル物理学賞が授賞されて以来，ノーベル賞5賞のすべての分野でのべ25名（自然科学系22名・人文社会科学系3名）の受賞者を輩出しましたが，残念ながら新設の経済学賞からは受賞者が出ていません。

　それにしても，2000年以降の日本人の活躍は目を見張るばかりです。2000年より前の受賞者は，1949年の湯川秀樹（物理学賞）から1994年の大江健三郎（文学賞）まで8名。対して，2000年以降の受賞者は，2000年の白川英樹から2016年の大隅良典（生理学・医学賞）まで17名。2001年に，日本政府が策定した第2期科学技術基本計画で，「今後50年間にノーベル賞受賞者30名」を輩出する計画を立てました。過去100年の歴史の中で，わずか8名だったのが，これから50年で30名とは大きく出たものです。正直申し上げて，私も無理だと思いました。しかし，21世紀の20年程度で，目標の半分を達成したので，あながち冗談ではなくなりました。しかし，ノーベル賞は30年程度前の大発見に贈られる賞だと言われます。今のノーベル賞の連発は，高度経済成長後の日本の科学技術政策の賜物であり，バブル経済崩壊後の日本の成果ではないことに注意したいものです。今後は，中国やその他の新興国の追い上げを受けて，また競争力を落とす可能性も高いのです。

　さて，ノーベル経済学賞に話を戻すと，同賞は1968年スウェーデン国立銀行が設立300周年の祝賀として設立し，賞金もスウェーデン国立銀行が出しています。選考・授賞は他のノーベル賞と同様に扱われますが，ノーベルの遺言にもとづいた授賞ではないため，一部の遺族からはその

正当性に対して疑問が出されているとも聞きます。とはいえども，一般にはノーベル経済学賞の認知度は高く，ノーベル経済学賞受賞者が世界経済の動向へコメントする時など，特別の関心を払われることが多くあります。記憶に新しいのは，2016年3月に，消費税の引き上げに迫られた時，安倍晋三首相が，スティグリッツ，クルーグマンといったノーベル経済学賞受賞者を招聘し，助言を求めたことがありました。

　ノーベル経済学賞受賞者は，1969年から2017年までの受賞者は79名で，国籍別に見ると，アメリカ（53），イギリス（9），ノルウェー（3），フランス（3），オランダ（2），スウェーデン（2），カナダ（2）（以下省略）と，異常なまでにアメリカ人の受賞者が多くなっています。ただし，出生は別の国でありながら，留学や就職とともにアメリカ人となった者が多いのも特徴です。

（２）ノーベル経済学賞受賞までの道のり

　さて，ノーベル賞について気になるのが，誰がどのように選考しているのかです。案外，この部分がしっかりと報道されることは多くありません。

　まず，どこからどこまでを指して，「経済学」と呼ぶのでしょうか。ノーベル経済学賞は正確には「経済科学賞」であり，隣接社会科学である政治学・社会学・心理学・歴史学まで含め，幅広く考えられているようです。これには背景的な事情があります。従来，狭義の経済学分野に限って選考される傾向がありましたが，1995年に経済学を隣接社会科学まで含めて考えるという決定がなされました。

　ノーベル賞の選考では，まず，授賞分野を絞り込みます。例えば，ある年には，金融工学という新しい学問分野を開拓した経済学者に賞が授与されるということが決まります。次に，当該授賞分野で，最も適切な

受賞者は誰かを決めます。1名の場合もあれば，最大3名の場合もあります。もっとも，実際には，分野の選定と受賞者の選定が独立に行われているとは考えにくく，分野の選定段階で具体名な候補者名が，選考委員の頭の中には浮かんでいることでしょう。

ノーベル経済学賞の選考は，スウェーデン王立科学アカデミーの選考委員会によって行われます。選考委員会は5名の正委員によって構成されますが，最大3名の副委員も正委員と同じ投票権を持ちます。

受賞者決定までの道のりは，長くて遠いものです。まず，前年の9月に世界の約3,000名の大学教授，ノーベル経済学賞受賞者，スウェーデン王立科学アカデミー会員に候補者の推薦が依頼されます。ノーベル賞を受賞したいと思えば，ここで推薦されないことにはどうにもなりません。

次に，翌年の2月に推薦された候補者が集計され，この時点で250〜300名の候補者がリストアップされます。3月から5月にかけて，特別に任命された専門家へ，候補者の研究業績を評価するように依頼されます。そして，6〜8月，選考委員会はスウェーデン王立科学アカデミーへ中間報告を提出します。この段階でどの程度の絞り込みが行われているか分かりませんが，いくつかの授賞分野まで，相当な絞り込みが終わっていると想像されます。しかし，本当の勝負はこれからです。

9月に選考委員会はスウェーデン王立科学アカデミーへ推薦勧告付きの最終報告書を提出します。この報告書を基に，スウェーデン王立科学アカデミーは2度にわたって審議を行います。そして，10月の発表当日に，多数決によって受賞者の決定を行い，いよいよ発表にいたるわけです。

それでは，栄えある第1回，第2回のノーベル経済学賞の受賞者を紹介しましょう。

2. ラグナル・アントン・キティル・フリッシュ
   (Ragnar Anton Kittil Frisch)

受賞　　　　　1969 年
生まれ　　　　1895 年 3 月 3 日
死亡　　　　　1973 年 1 月 31 日
国籍　　　　　ノルウェー
受賞時所属先　オスロ大学
受賞理由　　　経済過程の動学分析への貢献

(1) 生い立ち

　フリッシュは 1895 年 3 月 3 日にノルウェー・オスロで生まれ，そこで育ちました。父親は代々続く金細工工であり，何ごともなければ，フリッシュ自身も後を継ぐ可能性が強かったと思われます。実際に少年時より見習いを始め，1920 年に見習いを終えました。他方で，母親は息子が大学教育を受けることを強く望み，フリッシュは 1919 年にオスロ大学経済学部を卒業します。経済学を選んだのは，手短かで簡単そうだという理由でした。その後，欧米諸国を歴訪し，フランスには 3 年間滞在しました。1926 年に統計学で博士号を取得しますが，その前後，1925 年，オスロ大学助教授，1928 年，同准教授，1931 年，同教授を歴任し，オスロ大学経済研究所の初代所長も務めました。

　今日，若い経済学者の間でフリッシュの名前が取りざたされることはありません。その意味で，フリッシュは忘れられた経済学者と言ってよいかと思います。後で説明するサミュエルソンがそびえ立つ巨人として，長きにわたって経済学界の記憶に留め置かれていたのと対照的です。

　しかし，次のエピソードを披露すれば，若い経済学者の彼に対する見

方も一変するでしょう。フリッシュは経済用語の造語の名人でした。「マクロエコノミクス」とか「エコノメトリクス」という用語を最初に使ったのはフリッシュです。また，彼はアメリカの著名な経済学者アービング・フィッシャーと協力して，今日まで脈々と続くエコノメトリック・ソサイエティを創設し，最も権威ある経済学雑誌とされるエコノメトリカの編集長を20年の長きにわたって務めました。これらのエピソードは，フリッシュが並大抵の人ではなかったことを十分に示しています。

ラグナル・アントン・キティル・フリッシュ
写真提供：ユニフォトプレス

(2) 学問業績

　フリッシュは，消費者理論，景気循環理論，計量経済学の分野で，現代経済学の数理的発展に大きな貢献を残しました。しかし，専門的な研究業績が多いせいか，今日では，それらの業績がフリッシュの名前を冠して話題に上がることはまれになっています。

　計量経済学とは，データを集めたり，加工したりして，経済理論にもとづいて経済モデルを作り，統計学的に経済モデルの妥当性をテストしたり，予測したりする実証的な学問です。計量経済学の誕生当初は，大量のデータを集め，多数の方程式を作れば，完全な経済予測が可能になるという楽観論がありました。実際には，データの入手には限りがあり，

経済は生き物であり，産業構造の変化がある時にはほとんど経済予測が当たらないことが判明し，楽観は失望に変わりました。

フリッシュは「ユートピアから実際の応用へ：計量経済学の事例」と題するノーベル賞講演を行っていますが，その中で，私の目を引いたのが，「国家レベルでの経済計画へ向けた移行」と題した節です。フリッシュはどのような経済計画に対する考え方を持っていたのでしょうか。

経済計画は経済発展や経済成長の観点だけではなく，「生きた民主主義」のためにも必要だと言います。フリッシュの言う民主主義は，普通選挙，言論の自由，出版の自由という消極的民主主義のみならず，可能な限り数多くの住民が自分の生きるコミュニティに積極的に参加するという積極的民主主義を意味しています。今の言葉で言えば，住民参加型の民主主義ということになるでしょう。

そこで，フリッシュは突拍子もない事例を持ち出します。フリッシュがアイスランドで講演旅行をしたところ，人口密度のまばらなアイスランドで60名が集い，この数字はアイスランドの人口密度を考えると驚異的な数らしいのですが，自分の論文を持参した者も加わり，とても熱心な質疑応答があり，それがフリッシュの心には生きた民主主義の典型として，深く印象に残ったようです。

この意味するところは何でしょうか。1960年代という時代背景を知る必要があります。その当時，アメリカの自由主義陣営とソ連の共産主義陣営が，いわゆる「冷たい戦争」を引き起こし，激しく対立していました。計画経済論争も，国家レベルで，市場経済か計画経済かという二項対立で語られることが多かった時代です。その中で，フリッシュは，経済学がコミュニティレベルで住民がより良い意思判断を下すための政治的ツールを提供できるように切望したのです。例えば，ある地域で高速道路を作るべきか作らざるべきか。赤字続きの公立病院を閉鎖するべき

かどうか。このような生活に根ざした身近な経済問題に対して，計量経済学が有用な費用便益のエビデンスを提供できるような学問であれというのが，フリッシュのメッセージでした。今風の言葉で言えば，「エビデンスにもとづいた政策形成」という考え方です。

　私はフリッシュのメッセージに大きな共感を持ちます。経済学は物理学のような厳密な意味での実験がまだ困難であるし，物理学の粒子の運動同様の正確な説明と予測を，もっと複雑な人間行動に求めることは困難です。したがって，計量経済学が今すべきことは，丹念にデータを集め，いくつかの起こりそうなシナリオを分けて考えて，費用と効果を比較したメニューを用意してあげることではないでしょうか。

　判断と解釈は受け止める側に委ねられるとしても，エビデンスを提供することによって，コミュニティの住民がより良い意思決定をできるように，計量経済学の重要性は今でも大いにあると思います。

(3) 現代的意義

　フリッシュの現代的意義は，第1回ノーベル経済学賞共同受賞者のジャン・ティンバーゲンと一緒に，計量経済学という現代経済学の一分野を学問と学会の両方から創設したことにあります。しかし，計量経済学の学問的内容は草創期と現在の間では大きく様変わりし，現代計量経済学の中にフリッシュの痕跡を探すことは困難です。現代計量経済学は，トリグヴェ・マグヌス・ホーヴェルモ（1989年ノーベル経済学賞受賞）が誤差項を加えるという確率論的な基礎付けを確立したことに始まりますが，このホーヴェルモがフリッシュの愛弟子であることを勘案すれば，フリッシュの精神は現代にも受け継がれていると言えるでしょう。その後，計量経済学は，ゲーム理論と並んで，最も頻繁にノーベル経済学賞を輩出する学問分野となりました。

3. ポール・サミュエルソン（Paul A. Samuelson）

受賞	1970 年
生まれ	1915 年 3 月 15 日
死亡	2009 年 12 月 13 日
国籍	アメリカ
受賞時所属先	マサチューセッツ工科大学（MIT）
受賞理由	静学的および動学的経済理論への貢献

(1) 生い立ち

　サミュエルソンを称して，我々は「最後のジェネラリスト（何でも出来る人）」と呼ぶことがあります。特定の狭い専門分野を持たず，ありとあらゆる分野で超一流の業績を上げた「万能経済学者」という意味です。実際，彼の研究業績は理論経済学のすべての分野に及び，厚生経済学，線形計画法，ケインズ経済学，経済動学，経済成長論，国際経済学，選択理論等，枚挙に暇がありません。第二次世界大戦を境にして，世界経済の覇権国が，イギリスからアメリカに移った時，アメリカ経済学界を代表する若き理論経済学者，それがサミュエルソンでした。

　サミュエルソンは，1915 年にインディアナ州ゲーリーのユダヤ人家庭にて生まれました。幼少の頃より，神童の誉れ高く，1932 年に 16 歳で名門シカゴ大学に入学，1935 年に卒業しました。1936 年にハーバード大学の大学院に進学し，1941 年に博士号を取得しました。博士号取得に先立ち，マサチューセッツ工科大学（MIT）で教鞭をとり，1944 年に准教授，1947 年に教授となりました。

　サミュエルソンの名前を一躍高めたのは 1947 年に出版された『経済分析の基礎』であり，経済理論を数理経済学的に再構築し直した研究書は

長い間，理論経済学徒の必読の一冊となりました。また，1948年には，一般読者向けにミクロ経済学とマクロ経済学を分かりやすく解説した『経済学』を世に出し，世界中のベストセラーとなりました。日本では，ハーバード大学で同窓であった故・都留重人一橋大学元学長の名訳で知られています。

優秀なアメリカの経済学者に授与されるジョン・ベイツ・クラーク賞の第1回受賞者に輝き，計量経済学会会長やアメリカ経済学会会長など，数々の栄誉職も務め，1970年，第2回ノーベル経済学賞

ポール・サミュエルソン
写真提供：ユニフォトプレス

を授与され，早すぎるキャリアの絶頂を迎えました。実際，第1回ノーベル経済学賞の最有力候補とされたこともあり，その授賞には何の異論も驚きも持たれませんでした。第2回受賞にして遅すぎる受賞だったのです。

サミュエルソンは，授賞式の晩餐会で，シカゴ大学時代の教師だったヤコブ・ヴァイナー，フランク・ナイト，ハーバード大学時代の教師だったヨゼフ・シュンペーター，ワシリー・レオンチェフ，同僚や学生としてロバート・ソロー，ジェームス・トービン，ローレンス・クライン，ヨゼフ・スティグリッツなどの名を上げ，自分の恵まれた研究環境に感謝しています。実際には，サミュエルソンほどの大秀才が，他の才能を必要としたとは思えませんが，アメリカ経済学の黄金時代に，丁度，サ

ミュエルソンの目覚ましい活躍が重なったのも事実です。そのきらびやかなサークルの中心にいたのは，ほかならぬサミュエルソンでした。

　他方で，サミュエルソンは，決して象牙の塔の住人ではありません。彼は新聞・雑誌のコラムに精力的に時論を発表し，とりわけ，戦後間もない頃の失業問題，オイルショック前後のインフレーション問題には多大の注意を払いました。彼はジョン・F・ケネディの経済政策ブレーンとしても有名であり，不完全雇用下においては，有効需要政策を重視するケインズ経済学が成り立ち，完全雇用下においては，市場メカニズムを重視する新古典派経済学が成り立つという二分法を主張する「新古典派総合」の提唱者としても有名です。こうして，サミュエルソンは90歳以上の長寿を全うし，その栄光に満ちた人生を閉じました。

（２）学問業績

　サミュエルソンの幅広く卓越した学問業績を数ページでまとめることは不可能です。ノーベル賞を受賞するような偉大な学者に共通のことですが，サミュエルソンに限っては本当に無理なのです。サミュエルソンの学問業績を一言で要約すれば，経済学の言葉を数学の言葉で厳密に基礎付け，その論理性に数学的お墨付きを与えたことでしょう。

　サミュエルソン以前のイギリスの経済学者は，アルフレッド・マーシャルにしてもジョン・メイナード・ケインズにしても，数学者と言って良いキャリアを持ちながら，経済学における数学言語の濫用にはきわめて慎重でした。彼らは，自然科学に対して，経済学を「モラル・サイエンス（道徳科学）」と呼び，経済学の独立性を重視しました。それを臆面もなくやり遂げたのがサミュエルソンというわけです。それには，若い頃，サミュエルソンが物理学を勉強し，理論経済学の模範を理論物理学に求めたことと無縁ではないでしょう。

もっとも，物理学では，20世紀に入って，ニュートン流の古典力学が，摩訶不思議な性質を持つ量子力学に取って代わられました。その同じ頃，サミュエルソンが，物理学では捨てられつつあった一昔前の物理学を模範として，その焼き直しとして，現代経済学を構築したのは，今から思えばいささか滑稽な皮肉の感があります。しかし，イギリスのアイザック・ニュートンが創始した古典物理学のエネルギーに対応する物理量をポテンシャルの最大化原理として記述した点から着想を得て，サミュエルソンは企業の「利潤最大化」，消費者の「効用最大化」を，数式で表現することに成功しました。ニュートンは落ちるリンゴを見て古典物理学を発見し，サミュエルソンは落ち目の古典物理学を見て，現代経済学を発見したわけです。

　市場の均衡は供給曲線と需要曲線の交点で決まります。供給曲線は，企業の利潤最大化を前提として，価格に対して右上がりになります。需要曲線は，消費者の効用最大化を前提として，価格に対して右下がりになります。

　企業の利潤最大化とは，企業の生産関数を所与として，企業の売上高から費用を差し引いた利潤を最大化する主体として定式化する考え方です。同様に，消費者の効用最大化とは，消費者の効用関数を所与として，一定の予算制約の条件の下で，効用を最大化する主体として定式化する考え方です。この二つの最大化原理を駆使して，サミュエルソンは経済学のエッセンスを，二つの最大化条件で首尾一貫する形で書き上げました。これによって，経済学は，人間行動への一種の解釈学から，数学さえ分かれば誰でも同じ結論に到達する「ディシプリン（専門分野）」へと彫刻されました。人間が分からずとも，数学が分かれば，経済学が分かるという皮肉は，その後，長らく経済学を学ぶ学生を縛りあげる拷問となりました。

かつて量子論を創始した物理学者のマックス・プランクは，経済学を勉強しようとした時，あまりに難しいので諦めたというエピソードを，ジョン・メイナード・ケインズに披露したと言います。これはプランクなりの韜晦(とうかい)だと言えます。実際にはプランクは，経済学を人生をかけて学ぶにはまだ曖昧模糊として複雑な学問だと言いたかったのかもしれません。サミュエルソンは，その曖昧さのヴェールをとったのです。

　サミュエルソンのみならず経済学者は，理論と実験の両輪によって，数学にもとづく仮説が精緻な実験によって検証されていく物理学の方法論に対し，経験科学の先輩として憧れを持っていたのでしょう。ですから，サミュエルソン以降，経済学者は，次々と，数学を用いて経済学の主要内容を証明しないと気が済まない強迫観念にさいなまれていきます。挙句の果ては，自らの学問を社会科学の女王とうそぶき，社会科学の中で最も進んだ学問だとして驕りを持つようになります。その傾向は，ノーベル経済学賞の創設によって，一層，強まっています。

　もちろん，サミュエルソンの卓越した研究業績を，理論物理学への憧れと模倣の一言で片づけることが適切だとは思いません。しかし，サミュエルソンが用いた手法の多くが，物理学からの借り物であったことも偽りのない事実です。

　サミュエルソンの数ある研究業績の中で，最も独創性に満ちたものを挙げるとすれば，彼の業績の中では比較的地味とも言える「顕示選好理論」でしょう。このことは，日本が生んだ偉大な理論経済学者森嶋通夫が私の前でそう述べました。顕示選好理論とは，実際には観察されることの出来ない消費者の効用関数を，観察可能な消費者行動のデータからテストしようというアイデアです。もう少し正確に言えば，消費者が合理的な選択を行うという前提から，観察された需要量と価格の組み合わせを基にして，消費者の効用関数を再構成する仕組みをサミュエルソン

は考え出しました。この点でも，「理論は観察の奴隷である」という物理学の古き良き精神が，サミュエルソン経済学の中で研ぎ澄まれた形で結実したと言えます。サミュエルソンは，決して机上の空論を弄んだわけではないのです。

(3) 現代的意義

　サミュエルソンは，20世紀において，最も成功した経済学者と言ってよいでしょう。生きている間に，一人の人間が獲得可能な地位・名誉・金銭のほとんどすべてを，若いうちに獲得しました。しかし，ある意味で，彼は早すぎる晩年と長すぎる余生を味わったのかもしれません。

　サミュエルソンは，アメリカ流ケインジアンとして，失業対策の政府の役割を重視したケインズ経済学と自由な競争の効率性を重視した新古典派経済学を折衷するという「新古典派総合」の立場を取りました。この立場は，アメリカ経済がその絶頂と迎える1950年代までは，非常に好意的に受け入れられました。しかし，ケネディ大統領が暗殺され，ジョンソン大統領が泥沼のベトナム戦争に足を突っ込み，失業とインフレーションが共存する「スタグフレーション」にさいなまれるようになると，新古典派総合の処方箋に対する信頼は著しく低下し，シカゴ大学の経済学者を中心に，反ケインズ主義の台頭を許しました。

　また，サミュエルソンが駆使した最大化原理は，企業や消費者の完全な合理性を前提として初めて成り立つ論法です。実際には，企業も消費者も，さまざまな合理性の破綻に直面しています。例えば，企業は決して人間一人の単体の意思決定問題ではありません。企業の中には，株主もいれば，経営者もいるし，従業員もいます。それぞれが異なる目的を持って，自己や組織の利益の最大化に励んでいるのです。その時，企業は必ずしも利潤最大化行動に沿った行動を取るとは限りません。こうし

た考え方は，情報の非対称性や不完備性を前提とした「情報の経済学」につながっていき，やがてこの分野から，多数のノーベル経済学受賞者が生まれていくのです。

また，消費者の場合は，より心理学的な側面からの考察が必要です。人間は必ずしも合理的な行動を取るとは限らず，非合理的な行動に走る場合もあります。それは人間の合理性が，情報処理能力から見て限られており，現実の与えられた意思決定の場面で，常に最適解を計算できるわけではないからです。こうした合理性が限られた存在として，人間を捉える見方は「行動経済学」として結実し，30年後のノーベル賞受賞分野につながっていきます。今では，行動経済学は，経済学の図書コーナーに行くと，入門書や専門書が何冊も平積みになっているほど，大ブームを巻き起こしています。

サミュエルソンは経済学の数学化に成功し，その理論経済学の重装備化に貢献しましたが，その後，現代経済学のたどった運命はサミュエルソン経済学の限界を露呈する脱サミュエルソンの道でもありました。学問の進歩では，すべての学者がやがて乗り越えられる運命にあります。このことは先輩格の物理学で，ニュートンが経験し，アインシュタインが経験したことでもあります。経済学の物理学化を目指したサミュエルソンも，経済学の分野で同様の運命をたどったとすれば，サミュエルソンはその歴史的役割を十分に果たしたのであり，不幸とみるのは的外れかもしれません。サミュエルソン経済学は，確かに20世紀半ばのアメリカが輝いていた時代に求められていたのです。

図書案内

残念ながら，現在，フリッシュの著作の中で，日本語で読むことができるものは

ないようです。

サミュエルソンの経済学をひもとくには，次の2冊が最適です。

P・A・サミュエルソン，W・D・ノードハウス，都留重人訳（1993）『経済学（上下）』岩波書店．

こちらは，サミュエルソンが，現代経済学のエッセンスを分かりやすく，教科書風にまとめた本です。

P・A・サミュエルソン，佐藤隆三訳（1967）『経済分析の基礎』勁草書房．

こちらは，サミュエルソンが経済学の主要内容を数学で表した専門書です。その他，シリーズとして，『サミュエルソン経済学体系』が勁草書房から出版されています。

1．ノーベル経済学賞が誕生した経緯を振り返ってみましょう。
2．1969年ノーベル経済学賞の授賞分野である計量経済学と経済計画の関係を，フリッシュを例に考えてみましょう。
3．1970年ノーベル経済学賞の受賞者であるサミュエルソンは，なぜ経済学の物理学化に邁進したのか考えてみましょう。

2 | ミクロ経済学の新展開
　　ヒックス／アロー／ナッシュ

《本章のポイント》 本章では，現代ミクロ経済学に大きな貢献を残した3人の経済学者を取り上げます。1972年に，ノーベル経済学賞がイギリスの大家ヒックスとアメリカの俊英アローに授与されて，ノーベル経済学賞の世評は定まりました。受賞者によって賞の重みが定まるというのもおかしな話ですが，それほど現代経済学において，ヒックスとアローは重い存在です。そして，1994年に，ゲーム理論の発展に大きく貢献したナッシュに，ノーベル経済学賞が授与されたことも大きな話題になりました。ナッシュは本来，数学者ですが，その数奇な人生はアカデミー賞映画のモデルにもなりました。

《キーワード》 一般均衡理論，社会選択理論，ゲーム理論

1. ジョン・R・ヒックス（John R. Hicks）

受賞	1972年
生まれ	1904年4月8日
死亡	1989年5月20日
国籍	イギリス
受賞時所属先	オックスフォード大学
受賞理由	一般均衡理論および社会厚生理論への貢献

（1）生い立ち

　イギリスを代表する大経済学者ヒックスは，1904年にイギリスのウォー

リック州で生まれました。父親は地元の新聞記者でした。ヒックスは，1922年にオックスフォード大学ベイリオル・コレッジに入学し，当初，数学を学びますが，哲学・政治学・経済学に専攻を変えます。しかし，卒業試験でファースト（優等学位）を取れず，オックスフォード大学で研究職を得ることが出来ませんでした。後の大学者が，大学卒業時に挫折を味わっていたのは意外です。

その後，ヒックスはロンドン・スクール・オブ・エコノミクス（LSE）で臨時講師職を得ました。

ジョン・R・ヒックス
写真提供：ユニフォトプレス

地味な労働問題の専門家として採用されたようです。しかし，LSEに職を得たのは幸運でした。1930年代のLSEは，ライオネル・ロビンズを中心に，フリードリッヒ・フォン・ハイエクやニコラス・カルドアのような大陸ヨーロッパ出身の研究者が，新しい経済学の建設に取組んだ黄金時代だったのです。以後，数十年にわたって，伝統のケンブリッジと新参のLSEが，イギリス経済学の両輪を形成していきます。

その後のヒックスですが，一見すると，寄る辺のない人生を歩んでいきます。LSEで出会った女流経済学アーシュラ・K・ウェッブ（社会主義運動で有名なウェッブ夫妻の娘）と結婚後，1935〜38年まで，ケンブリッジ大学の講師を務めます。ちょうど，ケインズの『雇用，利子及び貨幣の一般理論』の出版と重なり，ヒックス自身も，優れた解説論文を

エコノメトリカに発表しますが，ヒックス自身は最も重要な著作となる『価値と資本』（1939 年出版）の執筆に専念しており，ケインズ・グループとは距離を置いていたようです。

　1938 年から，マンチェスター大学の教授を務め，1946 年から，オックスフォード大学のナフィールド・コレッジのフェローとなります。教授からフェローへの転身は一種の格落ちですが，教授職が少ないオクスブリッジではよくあることでした。幸い，ヒックスは，1952 年から 65 年まで教授職を得て，最後は，オールサウルズ・コレッジ・リサーチ・フェローとなります。イギリスの大学の仕組みは分かりにくいですね。

　大学外では，ヒックスは，1960 年から 62 年まで，王立経済学会の会長，1964 年には，ナイトの爵位をたまわり，1972 年に，ノーベル経済学賞を受賞します。しかしながら，自尊心の強いヒックスは，アメリカの若造ともいうべきアローとの共同受賞に不満だったようで，大昔に捨てた古い業績への受賞は嬉しくないといった感想を漏らしています。イギリス紳士の典型であるヒックスにしては，意外な側面です。

（２）学問業績

　ノーベル経済学賞の受賞につながったヒックスの学問業績は，レオン・ワルラスに始まる「一般均衡理論」の再構築です。ヒックスは，1939 年に出版された『価値と資本』において，ミクロ経済学の古典と現代をつなぐ膠（にかわ）の役を果たしました。ヒックスは，従来，不完全にしか知られていなかった市場メカニズムの意義と限界を言葉と数学の両方から解き明かしました。

　一般均衡理論の要点を，簡単に説明しましょう。経済学では，効用と利潤の最大化問題として，需要関数と供給関数を導出することが出来ます。簡単に言えば，消費者が所得制約の下で効用を最大化し，価格に対

して右下がりの需要曲線が得られます。企業が技術制約の下で利潤を最大化し，価格に対して右上がりの供給曲線が得られます。一つの財の市場で，需要量と供給量は価格が上下することによって，需要量と供給量が一致する水準に定まります。供給に対して，需要が超過する場合は価格が上がり，需要に対して供給が超過する場合には，価格が下がるからです。これを一市場の「部分均衡分析」といいます。

　実際には，財の数だけ市場があります。それぞれの財が別の財の価格に相互依存しているので，すべての市場の需要と供給の同時均衡を考える必要があります。このようなすべての市場の均衡を扱う分析を「一般均衡分析」と言います。例えば，リンゴの需要と供給を考える時に，リンゴの価格だけではなく，ミカンの価格を考えなければ，果物市場の均衡を考えたことになりません。リンゴの需要が上がれば，リンゴの価格が上がりますが，同じ果物のミカンの価格も上がります。リンゴの価格が高いので，ミカンを食べようと需要シフトが起き，ミカンの価格まで上がる代替関係があるからです。もしもリンゴとミカンの需要と供給が一致する水準に両財の価格が定まれば，リンゴとミカンの市場は同時に均衡します。

　一般均衡分析のメッセージを一言でいえば，「木を見て森を見ず」の愚を犯すなという警鐘です。経済学の出発点は，ある財の市場の需要と供給を調整する価格の分析ですが，一つの市場と別の市場はそれぞれの代替関係があり，互いに独立ではありません。一つの市場で，消費者余剰の改善があっても，別の市場で消費者余剰の改悪となっては，社会全体の効果は分からなくなります。こうして，政府が無理やり市場に介入して経済を良くしようと思っても，かえってそれを上回る経済損失が起ることもあります。そうした危険性を，一般均衡理論から学ぶべきなのです。

なぜヒックスの一般均衡理論ルネッサンスが，経済学史上，重要なインパクトを持ったのか，時代背景的な考察が必要です。ヒックスが一般均衡理論に取組んでいたのは1930年代のこと。いわゆる世界大恐慌によって，財の超過供給が世界を覆い，価格は下がり続け，にもかかわらず，消費者の購買力は回復せず，需要と供給の不均衡を自動で回復する市場の復元力が存在しないと疑われていた時代でした。市場メカニズムは信頼するに足らず，計画経済への移行が必須であると，誰の目にも明らかに思われた時代，ヒックスは黙々と市場メカニズムの自動調節機能が働くための条件と働かないための条件を探求し続けました。資本主義陣営から見れば，市場経済学の研究は時代の要請であり，ヒックスは現代的な形でその解答を用意してくれたのです。

（3）現代的意義

　ヒックスの学問的業績は，これだけに限りません。1937年にエコノメトリカで発表された「ケインズ氏と古典派」において，その当時，世界を席巻したケインズの『一般理論』も，一般均衡理論的に財市場と金融市場の同時均衡問題として鮮やかに定式化しました。これによって，ケインズ経済学のモデルが，数学の連立方程式として定式化されました。ヒックスの翻訳によって，難解なケインズ経済学が，皆の理解するところとなったと言えます。他方で，ケインズ経済学の持つ因果論的な深みが消されてしまい，ケインズ経済学のエッセンスをないがしろにしたと，ケンブリッジ大学のケインズの高弟からは，非難されることにもなりました。

　ヒックスを，エリート中のエリートではないと述べました。ヒックスの晩年も少し意外です。彼は若き日の素晴らしい学問的業績に対して自ら距離を置くようになりました。一つの例を挙げます。とかくノーベル

賞講演は功成り名を上げた人の自慢話になりがちです。ヒックスの場合は異なりました。ヒックスは，過去の自分の学問業績に触れることなく，マイナーな業績だと思われていた処女作『賃金の理論』の再検討に時間を費やしたのです。

そこで，ヒックスが取り上げた論点は，個人の効用最大化や企業の利潤最大化を社会的に集計することの問題点，次第に生産の効率性が落ちるとした収穫逓減の法則の妥当性，価格が需要と供給の乖離に応じて上下するのかどうか，そして，イノベーションが経済に与える影響などでした。まさに，ヒックス自身が作り上げた現代ミクロ経済学の盲点であり，現代ミクロ経済学は，ヒックスの予言通り，重い十字架を背負って，今なお呻吟し続けています。

2．ケネス・J・アロー（Kenneth J. Arrow）

受賞　　　　　1972 年
生まれ　　　　1921 年 8 月 23 日
死亡　　　　　2017 年 2 月 21 日
国籍　　　　　アメリカ
受賞時所属先　ハーバード大学
受賞理由　　　一般均衡理論および社会厚生理論への貢献

(1) 生い立ち

アローは，サミュエルソン，ヒックス亡き後，最も尊敬される理論経済学者です。その卓越した学問業績の他にも，謙虚で争いを好まず気さくで親切な人柄を讃える声も多くあります。こういった非の打ち所のない完璧な人物を描くことは，案外難しいものです。

アローは，1921 年に，アメリカのニューヨークで生まれました。学費

ケネス・J・アロー
写真提供：ユニフォトプレス

上の理由から，無料のニューヨーク市立大学に進み，その後，コロンビア大学の大学院で有名な経済学者ハロルド・ホテリングのもとで，数理統計学を専攻しました。第二次世界大戦中，学業を中断し，アメリカ空軍で気象研究の仕事にも従事しています。

戦争後，大学に戻ったアローですが，なかなか研究テーマが見つからず，1948年，シカゴ大学のコールズ財団に助教授待遇で勤務しました。シカゴでは，後に数理計画法の研究でノーベル経済学賞を取るチャリング・クープマンス達と共同研究をする機会に恵まれました。空軍時代のコネがあったのでしょうか。アローは西海岸に移り，空軍閥のランド研究所で，数理経済学研究に没頭します。そこで，アローは，一般均衡理論の完成と社会選択理論の創設という大きな仕事を二つ成し遂げ，1951年に，コロンビア大学から博士号を取得しました。博士号取得までは時間がかかったアローですが，それだけの価値のある大作を二つも完成させたのです。

もはや怖いものなしでした。1949年に，スタンフォード大学に移籍し，1952年には，教授に昇進しました。1968年から79年まで，ハーバード大学で教授職を勤めたあと，再び，スタンフォード大学に戻り，さらに，複雑系研究で有名なサンタフェ研究所にも積極的に関与しています。1957年に，クラーク賞を受賞し，1972年に，ノーベル経済学賞を受賞しまし

た。誰も異論のない文句なしの受賞でした。

（2）学問業績

　アローの学問業績の一つに，ワルラスが創始し，ヒックスが洗練した一般均衡理論を，ジェラール・ドブリュー，フランク・H・ハーン等の共同研究者と共に完成させたことが挙げられます。これらの研究業績は「厚生経済学の第一定理，第二定理」として，どの大学のミクロ経済学でも教えられています。いわば，経済学の古典となりました。
　その内容を簡単に解説します。消費者も企業も無数に存在し，市場価格に対して影響力を行使できないような完全競争を想定すると，すべての市場が価格を通じて相互に依存する一般均衡はどうなるでしょうか。この時，他の消費者の効用を下げることなく，いかなる者も効用を上げることが出来ないという意味で，効率的な資源配分が達成されます。これを，ワルラスの一般均衡理論を発展させたヴィルフレド・パレートの名にちなんで，「パレート効率性」と言います。
　もう少しかいつまんで説明しましょう。一見すると，一般均衡理論は現実経済とは全く関係のない空理空論のように思われます。しかし，必ずしもそうとは言えません。1950年という当時を想像してください。アメリカ率いる資本主義陣営とソ連率いる共産主義陣営が対立し，朝鮮戦争が勃発し，いつ第三次世界大戦が起こったとしてもおかしくありませんでした。市場経済は計画経済と比べて，効率性に優れた経済システムなのでしょうか。どうすれば市場経済の効率性を論理的に「証明」できるのでしょうか。こうした思いが，アローに一般均衡の効率性の証明へと誘ったのではないでしょうか。
　アローはさらに問いを続けます。一般均衡が効率性に優れていることは証明されましたが，公平性に優れているかどうかはまだ分かりません。

政府が資源配分の初期状態を変えることによって，一般均衡の任意の均衡を選択することが可能なのですが，それでは，政府は一体どの均衡を選べば良いのでしょうか。

こうして，アローは，自身の二番目の研究業績に取り組んでいきます。例えば，A，B，Cという3人を考え，それぞれの効用を［Aの効用，Bの効用，Cの効用］で表すことにします。3つの政策X，Y，Zを考え，X［100, 10, 1］，Y［1, 100, 10］，Z［10, 1, 100］とします。もしも政府が3人の効用を平等に考え，社会厚生を個人の効用の和と考えれば，100＋10＋1＝111となり，政策X，Y，Zはどれも等しくなります。個人の効用を数字で測り，異なる個人の効用を足したり引いたり出来るという考え方を「旧厚生経済学」と言いますが，これは哲学者ジェレミ・ベンサムの提案した「功利主義」の一種です。

この功利主義は，20世紀に入って，「新厚生経済学」の立場から批判されました。人間の効用は数字の大小で10倍とか100倍とか言い表せるものでしょうか。また，異なる人の間で効用を比較することが出来るでしょうか。効用の個人間比較を否定する新厚生経済学の立場から，社会厚生関数について予想しなかった驚くべき（悲観的な）結論を導いたのが，アローなのです。

アローは個人の効用関数を集計して社会厚生関数（政策の優先順序）を導くにあたって，四つの公理（決まり事）を定義しました。

第一に，社会厚生関数は「合理的」であるべきというもの。どの政策を比べても，Xが優れるか，Yが優れるか，XとYが同等のいずれかでなければならないという公理です。第二に，社会厚生関数は「全会一致の原則」を満たすべきというもの。すべての人が満場一致でXがYに優れていると判断すれば，社会厚生関数もそれに従わなければなりません。第三に，社会厚生関数は「第三の無関係な選択肢」の影響を受けないと

いうもの。XとYの社会厚生関数の順序は，XとYの効用関数の順序に依存し，第三の政策Zがあるかないかに左右されてはいけません。第四に，「独裁者」が存在しないというもの。誰か特定の個人の効用関数だけで，社会厚生関数が決められてはいけません。

以上の四つの公理は，民主主義を構成する必要不可欠な条件であると思われます。しかし，アローは驚愕すべき結論を出しました。四つの公理は無矛盾ではないのです。具体的には，合理性，全会一致，第三選択肢の独立性を満足する社会厚生関数は，なんとただ一人の個人（独裁者）の効用関数によって決まるのです。アローは自分の証明した驚くべき結論を「一般可能性定理」と名づけましたが，内容の衝撃度から「不可能性定理」と呼ばれています。

例えば，多数決を事例にして，アローの不可能性定理を説明しましょう。先ほどの数値例でいえば，AはXを一番，Zを二番，Yを三番と考えます。BはY，X，Z，CはZ，Y，Xの順番で好みます。この時，投票をすれば，XはZよりも多く，ZはYよりも多く，YはXよりも多い票を獲得します。したがって，多数決によっては，X，Y，Zの優先順位を決定できないのです。このように民主主義の決定過程で，決定不能が起こることは，18世紀フランスのコンドルセ侯爵によって発見されており，「コンドルセ・パラドックス」と呼ばれます。

(3) 現代的意義

ここまで，1951年に発表された一般均衡理論と社会選択理論を解説しました。その後のアローの業績の中で，更なる現代経済学の発展を促した重要な仕事を二つ紹介します。

第一に，アローは，イノベーションの重要性を指摘しました。一般均衡理論では，生産要素を使えば使うほどその効率性が落ちていくという

収穫逓減を仮定しました。実際には，巨大な固定資本設備が必要で，学習効果が大きい現代産業においては，おおむね使えば使うほど効率性が向上する収穫逓増が成り立つと考えられます。収穫逓増の多くはイノベーションによって推進されます。イノベーションには，新しい生産方法によって費用関数が低下する「プロセス・イノベーション」と新しい製品の導入によって市場が生まれる「プロダクト・イノベーション」があります。アローは，後者に関して，現在市場を独占している企業とイノベーションを採用したら独占企業になれるような新規参入企業を比較して，イノベーションによって潜在的企業が独占企業になった時の利益が，独占企業が独占的地位を維持する利益よりも大きいので，プロダクト・イノベーションの担い手は新規参入企業であると論じました。

　第二に，アローは「情報の経済学」を先取りしました。一般均衡理論では，情報の完全性が仮定されました。実際には，この仮定は成り立たない場合も多く，その代表が医療保険産業です。例えば，医療サービスの消費者である患者は，自らの健康状態に関して正しい知識を持っていません。したがって，より専門知識を持つ医師の判断に従わなければなりません。あるいは，医療保険に加入する時，被保険者は自分の健康に関する情報を偽って，保険会社をだまそうとするインセンティブを持つかもしれません。このような情報の非対称性が存在する市場において，市場の均衡は効率性を保証せず，場合によって均衡は存在しないかも知れません。こうしたアローの問題提起は1970年代に花開き，情報の経済学が生まれたのです。

　このように，アローは，一般均衡理論と社会選択理論という20世紀後半の経済学の重要な研究テーマを提唱し，それに対する解答を与えたばかりでなく，イノベーションの経済学，情報の経済学という21世紀につながる経済学の糸口も与えました。その偉業には脱帽です。

3. ジョン・F・ナッシュ・Jr.（John F. Nash Jr.）

受賞	1994 年
生まれ	1928 年 6 月 13 日
死亡	2015 年 5 月 23 日
国籍	アメリカ
受賞時所属先	プリンストン大学
受賞理由	非協力ゲームの均衡の分析への貢献

（1）生い立ち

アカデミー賞映画『ビューティフル・マインド』のモデルになったのが，天才数学者ナッシュです。ゲーム理論を一変させる均衡概念を考案したが，統合失調症に苦しみ，私生活のトラブルを抱えながら，病気を克服し，ノーベル経済学賞を受賞するサクセス・ストーリーでした。プリンストン大学の美しいキャンパスがとても印象的です。

ナッシュは，1928 年に，アメリカのウェストバージニア州で生まれました。父親は電気技師，母親は学校の教師で，両親共に大卒のインテリでした。両親はナッシュに辞書一式を買い与え，ナッシュの向学心を支援しました。数学者の伝記に心時めかせたナッシュ少年の夢は，数学者になって，フェルマーの定理を解くことでした。

ナッシュは，カーネギーメロン大学に特待生で入学し，父親の影響で工業化学を専攻しました。ナッシュは，大学を卒業後，ハーバードに進学するか，プリンストンに進学するか悩みました。ちなみに，カーネギーメロン大学の指導教授の推薦状には，「この男は天才である」と書かれていたそうです。有名な数学者アルバート・W・タッカーの手紙が決め手となり，ナッシュはプリンストンに進学します。

ジョン・F・ナッシュ・Jr.
写真提供：ユニフォトプレス

ナッシュは，1950年，画期的なナッシュ均衡概念に関する論文を書き上げ，博士号を取得しました。その一方で，純粋数学の分野でも，重要な研究を残しています。こうした優れた研究が評価され，ナッシュは，1951年に，MIT 講師の職を得ました。そこで，エルサルバドルの留学生であったアリシアと結婚し，子供を授かります。順風満帆なナッシュは，数学界最大の難問リーマン予想に取組みましたが，数学研究が頓挫するのと時を同じくして，統合失調症が悪化し，私生活・研究生活共に破綻します。アリシアとは離婚したものの，アリシアはナッシュを支え続け，1970年頃から，ナッシュは少しずつ病気から回復しました。

　ナッシュのゲーム理論上の業績は，1970年頃から，経済学にはなくてはならないツールとなり，その貢献が認められ，1994年に，ノーベル経済学賞を授与されたのです。学問的には，誰も異論のない当然の受賞です。2001年に，ナッシュはアリシアとも再婚しました。

（2）学問業績

　「ゲーム理論」とは，数学者ジョン・フォン・ノイマンが，同僚の経済学者オスカー・モルゲンシュテルンの協力を仰いで完成させた戦略的相互依存関係を分析する経済理論です。ポーカーのように，複数の利己的

な意思決定主体の利得が，それぞれの戦略の相互依存関係によって定まる状況を分析します。

　ゲーム理論の歴史を紐解くと，1928年に，ノイマンは論文「社会的ゲーム理論について」の中で，全体の利得が一定であるゼロ和2人ゲームの均衡証明を与え，モルゲンシュテルンは著書「経済予測」の中で戦略的依存関係性のあるゲーム的状況における完全予測の不可能性を指摘しました。そして，第二次世界大戦の影響で，アメリカのプリンストン大学に居を移したノイマンとモルゲンシュテルンは，ゲーム理論の共同研究を始め，1944年に，大著『ゲームの理論と経済行動』を出版しました。

　その後のゲーム理論の発展でとりわけ重要なのは，1950年代，ナッシュによる非協力ゲームの均衡の存在証明と，協力ゲームの均衡の提唱です。この二つの均衡概念は，今現在でも，ゲーム理論の基礎として継承されています。

　非協力ゲームとは，プレーヤー間でコミュニケーションが不可能で，拘束力のある合意ができないゲームです。後に解説する「囚人のジレンマ」にあっては，協力の合意が拘束力を持たないので，お互いに裏切ることが均衡となります。他方で，協力ゲーム理論では，提携を結んでいるメンバーの間に拘束力のある合意が存在することを仮定します。協力ゲーム理論は，1950-1960年代において，非協力ゲームよりもむしろ分析の主流でした。

　ナッシュが1950年に考案した非協力ゲームの均衡概念を，「ナッシュ均衡」と呼びます。具体的には，ゲームに参加する各プレーヤーが，互いに対して最適な戦略を取り合っている状況を指します。

　ナッシュ均衡の有名な事例は，囚人のジレンマです。二人の共犯容疑者が別々に取り調べられています。二人の犯罪は証拠が不十分で，黙秘すれば刑期は軽くて済むのですが（懲役5年），一人のみが自白した場合

自白者のみ刑期は非常に軽くなり（懲役2年），黙秘する方は刑期が重くなる（懲役15年）とします。この時，二人にとって最も良い状態は二人とも黙秘することですが（懲役5年），相手がいかなる戦略を取ろうとも，自分は自白したほうが刑期が軽くなるので，黙秘することは最適反応ではありません。結局，お互いに自白して懲役10年に服す時，どのプレーヤーも戦略を変えると，かえって刑期が重くなるので，お互い自白することがナッシュ均衡となります。

表2-1　囚人のジレンマ

| | | プレーヤー2 ||
		黙秘	自白
プレーヤー1	黙秘	-5, -5	-15, -2
	自白	-2, -15	-10, -10

（3）現代的意義

　囚人のジレンマの無限繰り返しゲームにおいては，プレーヤー間の協力がナッシュ均衡となります。この繰り返しゲームの協力的なナッシュ均衡は，均衡戦略から逸脱したプレーヤーに対する罰を均衡戦略の中に取り入れることによって実現されます。例えば，罰として裏切るプレーヤーに対して報復行動をとるものとしましょう。また，すべてのプレーヤーの利得が報復時に得る利得よりも大きいか，少なくとも等しいとします。この時，プレーヤーの将来利得に対する割引因子が十分に大きいならば，任意の報復時の利得を持つ行動の組み合わせが繰り返しゲームのナッシュ均衡となります。これを「フォーク定理」といいます。フォークとは口承（folk）のことであり，定理の内容は1950年頃からよく知られていたのですが，誰が発明者か分からないことに由来します。

　また，政治学者アクセルロッドが開催したコンピューター・プログラ

ムのトーナメントで,繰り返し囚人のジレンマ・ゲームで最も高い得点をあげたのは,心理学者ラポポートの「しっぺ返し戦略」でした。しっぺ返し戦略とは,最初は協力するが,1回でも相手が裏切れば,以後相手の前回の行動と同じ行動をとるというものです。このように,繰り返し囚人のジレンマでは,プレーヤーの将来利得に対する割引因子が十分に大きければ,協力することが非協力ゲームのナッシュ均衡として実現可能なのです。

図書案内

　ヒックスの沢山の研究書の中でも,次の著作は不朽の名作です。
J・R・ヒックス,安井琢磨,熊谷尚夫訳(1995)『価値と資本(上下);経済理論の若干の基本原理に関する研究』岩波文庫.
　後期ヒックスの学問的な発展を知るには,J・R・ヒックス,新保博,渡辺文夫訳(1995)『経済史の理論』講談社学術文庫が参考になります。
　アローの一般書は少ないのですが,次の2冊は歴史的価値が高く,経済学者の必読書でした。
ケネス・J・アロー,長名寛明訳(1977)『社会的選択と個人的評価』岩波モダンクラシックス.
ケネス・J・アロー,フランク・H・ハーン,福岡正夫,川又邦雄訳(1977)『一般均衡分析』岩波書店.
　ナッシュの単著はありませんが,以下の本から,ナッシュの生涯と業績を知ることができます。
H・W・クーン,S・ナサー,落合卓四郎,松島斉訳(2005)『ナッシュは何を見たか―純粋数学とゲーム理論』シュプリンガー・フェアラーク東京.

1. ヒックスとアローの一般均衡理論上の貢献を比較してみましょう。
2. アローの不可能性定理が与えた影響の大きさをまとめましょう。
3. ナッシュ均衡を用いて,囚人のジレンマを説明しましょう。

3 | マクロ経済学の新展開
ソロー／ルーカス／プレスコット

《本章のポイント》 本章では，現代マクロ経済学に大きな貢献を残した3人の経済学者を取り上げます。ケインズによって誕生したマクロ経済学ですが，その後，発展の舞台をアメリカに移し，ここで紹介するようなノーベル賞経済学者の手によって彫刻されました。現在，マクロ経済学では，ケインズ経済学の権威は揺らいでいます。本節では，経済成長論，合理的期待形成仮説，景気循環理論という三つのマクロ経済学の分野で，伝統的経済学への揺り戻しが起こったことを見ていきます。しかし，それは，マクロ経済学のミクロ的基礎付けという流れの中で，マクロ経済学の独自性を喪失していく道でもありました。

《キーワード》 経済成長理論，合理的期待形成仮説，リアル・ビジネス・サイクル理論

1. ロバート・M・ソロー（Robert M. Solow）

受賞	1987年
生まれ	1924年8月23日
国籍	アメリカ
受賞時所属先	MIT
受賞理由	経済成長理論への貢献

（1）生い立ち

　経済成長理論の創始者は，ソローではありません。例えば，イギリス

の経済学者ロイ・ハロッドに，その名誉を譲るべきでしょう。しかし，アメリカの経済学の伝統の中で，経済成長理論を形作り，さらなる発展の礎を築いたという意味では，ソローにその栄光が与えられます。紛れもない現代経済学の偉人の一人と言えます。長らく教鞭をとった MIT では，オフィスがサミュエルソンの隣であり，サミュエルソンとソローの表札がかかったさまを想像すると何とも壮観です。

ロバート・M・ソロー
写真提供：ユニフォトプレス

ソローは，1924 年に，ニューヨークの下町で生まれました。学業優秀なソローは，1940 年に，ハーバード大学に進学し，大恐慌世代であったこともあり，経済学や社会学など幅広く勉強します。ソローはユダヤ系移民の 3 世であり，ソローが一家で初めての大学進学者でした。しかし，第二次世界大戦が勃発し，1942 年に，ソローは，陸軍に入隊後，ヨーロッパ戦線に赴きました。1945 年に，除隊すると，ハーバード大学に復学し，ワシリー・レオンチェフに学び，大学院に進学，1951 年に，博士号を取得します。

その間，コロンビア大学でフェローシップをもらい，幸運なことに，サミュエルソンのいる MIT から助教授職のオファーを受けました。当初は，統計学・計量経済学の担当でしたが，隣室のサミュエルソンの影響で，経済学の王道であるマクロ経済学に戻り，大きな業績を残しまし

た。

　ケネディ政権下では経済諮問会議に入り，トービン達と「ニュー・エコノミクス」と呼ばれた経済政策の立案に従事します。1961年には，クラーク賞を受賞し，1979年には，全米経済学会会長を歴任，1987年に，ノーベル経済学賞を受賞しました。学者として，栄光の人生と言えます。

（2）学問業績

　大恐慌時代に失業が大量発生し，伝統的な経済学では，それに対する有効な処方箋を描けないという時代の要請から，ケインズ経済学が生まれました。ケインズ経済学は，マクロ経済学という国民所得の決定を論じる学問を生みましたが，短期の理論であったために，長期の経済成長が論じられませんでした。

　第二次世界大戦後，経済成長の時代が始まると，マクロ経済学の動学化に，注目が集まりました。この流れに沿って，ケインズ経済学の動学化をはかったのが，イギリスのロイ・ハロッドとアメリカのエブセイ・ドーマーでした。日本の高度経済成長時代では，投資が投資を呼び，所得が拡大していきました。これをモデル化すると，どうなるでしょうか。

　政府の支出や輸出の増加によって，需要が上昇すると考えましょう。ケインズ経済学の「乗数効果」により，雪だるま式に所得が増えます。その結果，所得に見合う投資の必要量も増え，さらに，乗数効果によって，所得が増えます。その結果，これ以上，所得が成長できない天井にぶつかります。ハロッド・ドーマー・モデルの特徴は，投資の生み出す供給と需要が一致する経済成長率である「保証成長率」が，完全雇用をもたらす経済成長率である「自然成長率」とは別々に決定され，一致する保証がないばかりか，不均衡を回復するメカニズムも検討されませんでした。ハロッド・ドーマー・モデルでは，成長経路の不安定性から，

「ハロッドの刃」とも呼ばれます。

　前置きが長くなりましたが，ソロー・モデルは，新古典派経済学の立場から，ハロッド・ドーマー・モデルの不安定性を是正しました。ソローは，次のような生産関数の仮定を取り入れ，市場の均衡の安定性の議論を，モデルの中に取り入れたのです。

　第一に，規模に関する収穫一定性を仮定します。労働力や資本などの生産要素を n 倍にすれば，生産量も n 倍になるという仮定です。労働力と資本が2倍になれば，生産量も同時に2倍になります。

　第二に，生産要素に関する収穫逓減を仮定します。労働力や資本のどちらかを n 倍にしても，生産量は n 倍にはならず，その生産量の増え方はどんどん減少するというものです。限界効用逓減の法則と並んで，生産要素に関する収穫逓減の法則は，新古典派経済学の市場安定性の鍵を握っています。

　例えば，資本の増加率が人口の増加率を上回る場合，資本1単位の生産効率性が低下し，資本の増加率が人口の増加率と均等化します。逆に，人口の増加率が資本の増加率を上回る場合，資本1単位の生産効率性が上昇し，やはり資本の増加率が人口増加率と均等化します。仮に資本と人口の増加率が乖離しても，長期的には市場メカニズムによって，両者は均等化するのです。

　こうして，ソロー・モデルでは，

　　経済成長率＝資本の増加率＝人口の増加率

が成立します。要するに，投資の需給均衡を表す保証成長率が，市場の資本と労働力の代替性を通じて，完全雇用を表す自然成長率と一致します。ソロー・モデルでは，資本が足りなければ労働力で補い，労働力が足りなければ資本で補い，その結果，両者の効率的なバランスに落ち着き，均衡経済成長率が得られるのです。

さて、今までのソロー・モデルでは、技術進歩を扱ってきませんでした。ここでは、生産関数が上方にシフトすることを技術進歩と定義しましょう。同じ量の資本と労働力でも、より多くの生産量を生み出すのが技術進歩です。技術進歩が与えられる時、

　　経済成長率＝資本の増加率＋人口の増加率＋技術進歩率

という方程式が成り立ちます。ただし、この技術進歩率は外生的に与えられているだけで、どのように決まるのかはモデル化されていません。そのために、ソロー・モデルは、「外生的成長理論」と呼ばれたりします。

(3) 現代的意義

　ソロー・モデルの意義は何でしょうか。その意義を要約すれば、新古典派生産関数を仮定して、市場メカニズムが有効に作用すれば、経済成長の安定性が達成されることを証明したことです。ケインズ経済学は大恐慌の経済学であり、労働市場に価格の下方硬直性が存在するので、不完全雇用水準で均衡してしまい、失業が生まれました。ケインズの短期マクロ経済学の精神を受け継いだハロッド・ドーマー・モデルは、価格の伸縮性を入れずに、経済成長の不安定性を論証しました。

　ソロー・モデルが登場した1950年代は、アメリカを中心とした資本主義陣営とソ連を中心とした共産主義陣営が、互いに覇権を目指していた時代でした。その時、資本主義陣営の経済学で、経済成長の不安定性を論じることは、陣営のお偉いさんにとって好ましくないことでした。そこに、ソロー・モデルが、市場メカニズムによって、経済成長の安定性が得られることを証明したのは渡りに船でした。だからといって、現実の経済が、ソロー・モデルの仮定を満たすかどうかは別問題です。

　ソロー・モデルには、いくつかの問題点が指摘されています。第一に、経済発展の最も核心部分である技術進歩率が外生的に与えられているだ

けで，技術革新が起きる内生的なメカニズムが解明されていません。その後，数十年経って，技術進歩を内生化する「内生的経済成長モデル」が登場しました。

　第二に，日本や東アジア諸国のように，経済成長の離陸に成功し，欧米の先進国にキャッチアップした国がある一方で，アフリカ諸国のように，いまだに経済成長の離陸に成功しておらず，最貧国にとどまる国があります。ソロー・モデルでは，均衡は一つで安定的でしたが，その後，良い均衡と悪い均衡の複数の均衡を考える「複数均衡モデル」が登場しました。

　第三に，実際の経済成長では，日本もそうだったように，成長率の高い好景気が続き，頭打ちして，しばらく不況が続き，やがてまた好景気に戻るという景気循環が観察されます。この点に関して，すぐ後で，「リアル・ビジネス・サイクル理論」を取り上げます。

2. ロバート・E・ルーカス・Jr.（Robert E. Lucas Jr.）

受賞	1995 年
生まれ	1937 年 9 月 15 日
国籍	アメリカ
受賞時所属先	シカゴ大学
受賞理由	合理的期待形成仮説への貢献

（1）生い立ち

　ルーカスは，シカゴ大学のミルトン・フリードマン達が推し進めた「反ケインズ革命」をより精緻なモデルを用いて完成させた人物です。ルーカス自身は，学部時代に歴史学を専攻し，シカゴ学派の薫陶をどの程度受けたのかはわかりませんが，ルーカスがカーネギーメロン大学時代に

ロバート・E・ルーカス・Jr.
写真提供：ユニフォトプレス

発案した合理的期待形成仮説が，シカゴ学派の強い論拠となり，その後のマクロ経済学を方向づけました。

　ルーカスは，アメリカのワシントンで生まれました。父は小さなレストランを経営しましたが，技師に転じた後，小さな会社の社長にまで上り詰めたと言います。ルーカスも，工学部に進学し，技師になる夢を持っていましたが，憧れのMITからは奨学金が獲得できず，シカゴ大学に進みました。シカゴ大学は工学部を持たないために，ルーカスは歴史を学びました。

　1959年に，シカゴ大学を卒業すると，経済史を勉強するために，UCバークレー校に進学しますが，そこで理論経済学科目をとり，興味を覚えます。しかし，バークレーでは奨学金が獲得できそうになかったために，古巣のシカゴ大学に帰ることになりました。

　シカゴ大学で最も熱心に勉強したのが，サミュエルソンの研究書でした。フリードマンの研究会にも参加し，徹底的に経済学的に考え抜くというフリードマンの講義を聴き，フリードマンのように考えることは出来なくても，彼の考えをサミュエルソン流に数学化することは出来ないかと考えたといいます。

　1964年，シカゴ大学で計量経済学の研究によって，博士号を取得しま

した。それに先立つ 1963 年から，カーネギーメロン大学で教え始めました。そこには，限定合理性の創始者であるハーバート・サイモンがいましたし，また，一緒に合理的期待形成仮説を創始するトーマス・サージェント，エドワード・プレスコットとも，そこで出会いました。

そして，カーネギーメロン大学奉職中の 1972 年，合理的期待形成仮説の論文を発表し，大きな評価を受けます。1974 年からは，シカゴ大学教授として招聘されました。1995 年に，ノーベル経済学賞を受賞し，2002 年には，全米経済学会会長も務めました。面白いエピソードとしては，離婚した前妻とノーベル賞の賞金を半分に分けるという約束があり，実際に受賞したのは，約束の最終年度だったといいます。

(2) 学問業績

ルーカスの最大の学問的業績は，「合理的期待形成仮説」です。もともと，合理的期待は，ルーカスの独創ではありません。1960 年に，ジョン・ミュースが，均衡は人々の期待の確率平均値で決まると考えました。ルーカスはその考えを推し進めて，ホワイトノイズと呼ばれる確率的攪乱の影響は受けるものの，人々の期待は平均値としては実現するという仮説を立てました。

ルーカスの仮説は，経済主体は真の経済モデルを完全に理解しており，すべての情報を合理的に利用して将来予測を行うため，経済主体が予測した値と実際の値は一致するという考え方を表します。人々が株価が 1 万円になると考えれば，平均的に自己実現するというわけです。あくまで仮説に過ぎず，もしも仮説が正しいとしたら，どのような結論が理論的に得られることになるのでしょうか。結論から言えば，ケインズ的な財政・金融政策は，長期どころか短期的でも無効になります。

インフレ率と失業率の間にトレードオフ関係があるという「フィリッ

プス曲線」が，1960年代から70年代に入ると，安定的に観察されなくなり，上方にシフトすることが観察されました。つまり，自然失業率を超えて，完全雇用水準を達成しようと，政府が裁量的な政策を実施しても，それが経済主体に見越されてしまい，期待として織り込まれてしまえば，短期的にもフィリップスは垂直になり，貨幣供給量の増加はそっくりそのままインフレになって表れるというわけです。

こうして合理的期待形成仮説に裏づけられた新自由主義が，経済政策の論壇を支配し，小さな政府の復権運動が繰り広げられました。面白いエピソードがあります。ルーカスが，トービンのいるイェール大学で発表した時のこと。ある教授が，ケインズの「非自発的失業」について質問した時，ルーカスは「イェールでは，未だに非自発的失業という訳の分からない言葉を使う人が，教授の中にすらいるのか。シカゴでは，そんな馬鹿な言葉を使う者は学部学生の中にもいない」と答えたといいます。その時，ケインズ学派のトービンが，やや興奮した口調で，「あなたは若くて大恐慌の深刻さを知らないが，私はこの目で見た」と反論したといいます。

(3) 現代的意義

合理的期待形成仮説は，こういう仮定が成り立てば，こういうことが成り立つという議論です。しかし，この仮説は，その後のマクロ経済学の在り方を変えました。極論すれば，ケインズ流のマクロ経済学は，学界からなくなりました。ルーカスは，インフレと失業というマクロ経済学の重要課題を，経済主体の期待値が実現値に一致するかというミクロな研究課題に還元したために，その後のマクロ経済学は，ミクロ経済学的な基礎づけという土俵で争われることになり，ケインズ経済学の精神を受け継ぐニュー・ケインジアンも，ミクロ・モデルの基礎づけで理論

の優劣を競うようになりました。

　スポーツにホーム・ゲームとアウェイ・ゲームがあり，圧倒的にホーム・ゲームの勝率がアウェイ・ゲームの勝率を上回るものです。丁度，ルーカスの合理的期待形成仮説を信奉する一群は「新しい古典派」と呼ばれ，ミクロ的基礎づけのホーム・アドバンテージに恵まれ，以後の経済学を席捲しました。

　ルーカスの現代的貢献には，計量経済学の「ルーカス批判」があります。簡単に言えば，政府の政策が裁量的に変われば，経済主体の期待も変わるので，計量経済モデルの方程式のパラメーターが変化してしまうので，マクロの計量経済学モデルは妥当性を持たないというものです。確かに，経済の構造が大きく変動するような時に，このルーカス批判は，大きな意味を持つものとして受け止めなければなりません。

　ルーカスは，構造変化の影響を受けない根源的な変数として，選好や技術を考えましたが，それも程度の問題であり，選好や技術ですら，政策の影響を受けて内生的に変化するという疑問も湧きます。

　ここまで到達すると，経済学が学問のための学問という袋小路に入ってしまった印象があります。ケインズ学派とシカゴ学派の争いは，曲がりなりにも，インフレ率や失業率の現実経済の変数を素材として，簡単な実証的関係の中でお互いの腕を競いました。ある意味で，古き良き時代の話でした。

　合理的期待形成仮説以降のマクロ経済学では，均衡や最大化が幅を利かせて，それらがどれだけ現実妥当性を持つかどうかではなく，どれだけ立派な数学を用いて水準の高い論文を書きやすいかどうかという勝負に変わりました。

　その後のマクロ経済学は，ミクロ的基礎付けという最適均衡理論化を推し進め，確率や動学を取り込みながら，「もはやマクロ経済学は独自に

存在しない」とマクロ経済学者が自嘲的に語るような状況になっています。その意味では，望もうが望まなかろうが，「ケインズは死んだ」のです。

その後，ルーカスの経済学は，どうなったのでしょうか。ケインズですら経験した忘却という運命を，ルーカスが免れるという期待は合理的とは思えません。面白いことに，ルーカスは，その後，限定合理性，不完全計算能力，長期学習など，合理的期待とは異なる方向で研究していますから，その新展開に期待しましょう。

3. エドワード・C・プレスコット（Edward C. Prescott）

受賞	2004年
生まれ	1940年12月26日
国籍	アメリカ
受賞時所属先	アリゾナ州立大学
受賞理由	リアル・ビジネス・サイクル理論への貢献

（1）生い立ち

フリードマンのマネタリズム，ルーカスの合理的期待形成仮説と続いた反ケインズ革命は，プレスコットの「リアル・ビジネス・サイクル理論」によって，その隆盛は極まりました。プレスコットたちの学派は，「新しい古典派」とも呼ばれ，マクロ経済学のミクロ的基礎付けを究極まで推し進めた結果，そもそもマクロ経済学がミクロ経済学に還元されるという皮肉な結果をもたらしました。そこでは，もはや不完全雇用均衡もなく，非自発的な失業もありません。あるのは，代表的な個人のパレート最適な均衡だけです。プレスコットの生年は1940年。今までのノーベル経済学賞受賞者と異なるのは，大恐慌を知らない世代であり，大恐慌

や戦争の体験が経済学者となる動機とはなっていないことでしょう。

プレスコットは，1940年に，アメリカのニューヨーク州で生まれました。プレスコットによれば，ドイツ系移民の母親は家庭の事情で高校を中退しましたが，その後に高校を卒業し，図書館司書となりました。また，彼女は，父親が大学を卒業することを励まし，父親が作家になることが夢でしたが，結局大学卒業後は技術者となったそうです。

プレスコットは，スポーツが大好きな少年で，野球，バスケット

エドワード・C・プレスコット
写真提供：ユニフォトプレス

ボール，アメリカンフットボールの選手として活躍しました。スポーツや勉強でも，何ごとにも挑戦するのが好きであったと語っています。

プレスコットは家計のことを考えて，東海岸の名門私立大学には進学せず，スワースモア大学に進学し，当初は物理学を専攻しましたが，実験に時間がとられることを好まず，数学専攻に転じました。さらに，カーネギーメロン大学に進学し，1967年に，博士号を取得しました。

その後，ペンシルベニア大学，ミネソタ大学，さらにカーネギーメロン大学で教職につきました。1978年，シカゴ大学客員教授として招聘され，フォード財団研究教授を務めました。ルーカスのいるシカゴ大学はプレスコットには大変魅力的でしたが，自分の長男がシカゴ大学の大学院に通っていたことから，移籍しなかったという逸話が残されています。

その後，ノースウェスタン大学，再び，ミネソタ大学で教鞭をとった後，最終的に家族の事情などもあり，アリゾナ州立大学に腰を落ち着けました。2004年のノーベル経済学賞を，フィンランドの経済学者フィン・キドランドと共同受賞しました。

（2）学問業績

　経済成長理論が目指すのは，平均成長率（トレンド）の決定メカニズムの解明です。しかし，実際には，経済成長は好景気と不景気の循環を繰り返します。こちらのメカニズムは，景気循環理論と呼ばれます。かつては，ハイエクやミュルダールに代表される貨幣的景気循環理論が中心でしたが，ケインズ経済学の誕生以降は，経済成長理論が主流となり，景気循環理論はかすんだ存在となりました。

　景気循環理論に新しい立場から一石投じたのが，プレスコットの「リアル・ビジネス・サイクル理論」なのです。名前の通り，プレスコットの景気循環理論は，実物的（リアルな）ショックを重視します。望ましい実物的ショックが好況をもたらし，望ましくないショックが不況をもたらすのです。実物的ショックには，技術進歩，天候による農産物の豊作・凶作，資源価格の騰貴・暴落，新しい環境規制などが含まれます。

　リアル・ビジネス・サイクル理論の特徴は，家計の動学的効用最大化を中核に据えたことです。しかも，単純化のために，代表的個人という一つの世帯の意思決定問題だけを考えます。もちろん，この代表的消費者はルーカスの合理的期待形成仮説に従います。

　しかも，しばしば，リアル・ビジネス・サイクル理論では，代表的消費者が生産も同時に行うロビンソン・クルーソーの仮定を置きます。したがって，このような仮定の下では，労働・資本・財の各市場の需給は常に一致し，均衡状態にあります。また，この均衡では，消費者の効用

最大化，生産者の利潤最大化が成立しているという意味でパレート最適な状態にあります。与えられた賃金の下で，働きたければ働き，余暇を楽しみたければ楽しむわけなので，最初から自発的失業は存在しない完全雇用均衡が仮定されていることになります。

　リアル・ビジネス・サイクル理論では，技術進歩など，実物的ショックは二つの経路で景気循環を引き起こします。第一に，望ましい実物的ショックにより，労働生産性が高まります。その結果，労働需要が増え，雇用も拡大します。第二に，望ましい実物的ショックにより，資本生産性も高まります。その結果，投資需要が増え，生産も拡大します。望ましくない実物的ショックは，逆の過程で生産を減少させます。

　リアル・ビジネス・サイクル理論の財政・金融政策の効果を説明しましょう。政府が財政政策を行うと，財市場の需要が増え，実質国民所得と共に，実質利子率が上昇します。政府の公共投資など，財政政策によって雇用が増大する点では，ケインズ経済学と同じです。しかし，両者では，経路が異なります。リアル・ビジネス・サイクル理論では，消費者の効用最大化にもとづき，どのような雇用水準でも，完全雇用が成り立ちます。したがって，雇用の増大は，実質利子率の上昇により，消費者が余暇の選択を控えて，労働供給を増やすという意思決定の結果なのです。しかし，実質利子率が上がると，民間投資の増大が抑制されるので，政府の公共投資の効果は相殺されます。これを「クラウディング・アウト」といいます。

　金融政策ですが，仮定からして，自給自足するロビンソン・クルーソー同様の意思決定に，貨幣供給量は生産や雇用には影響しません。したがって，貨幣供給量の上昇は，物価上昇にのみ反映します。これを貨幣中立性といいます。

　このように，リアル・ビジネス・サイクル理論はクラウディング・ア

ウトや貨幣中立性というケインズ以前の命題を復活させました。プレスコットは裁量的な財政・金融政策を，ご都合主義的に政策が変わる時間の非整合性問題として批判しました。代わりに，プレスコットは，ルール型の政策を提唱しています。この点でも，新しい古典派の反ケインズ主義は徹底しています。

（3）現代的意義

　リアル・ビジネス・サイクル理論は，マネタリズムの裁量主義的な政策批判，合理的期待形成学派のミクロ的基礎付けという視点を取り込みながら，一般均衡理論的思考方法をマクロ経済学にも徹底し，反ケインズ革命を完成させました。

　この理論的結論が多くの仮定に依存しているのも事実であり，未だに論争的です。マクロ経済学において，代表的個人という仮定が妥当でしょうか。ミクロ経済学の最先端では，合理的な経済人という仮定に疑問が呈され，サイモン等によって，行動経済学という新しい学問が誕生しました。プレスコットのとった手法は，廃れてしまった先祖返りという側面があることも否定できません。

　新しい古典派に対抗して，ケインズ派もマクロ経済学のミクロ的基礎付けに力を割かざるを得なくなりました。新しい古典派がパレート最適性という概念の下に，古典派経済学の命題を再構築したのに対して，ニューケインズ学派は，不完全競争理論とゲーム理論という方法の下に，ケインズ経済学的命題を再構築しようとしました。

　もともと，ケインズその人の思想はミクロの集積がマクロの構造とならず，レベルの異なる現象間には，非加算性が存在するという科学哲学がありました。ニュー・ケインジアンと新しい古典派の争いは，ミクロ経済学的基礎付けという共通の土俵で争われることになったのです。そ

の意味で，マクロ経済学は今や存在せず，すべてがミクロ経済学であるといえます。

　ニュー・ケインジアンの代表格であるグレゴリー・マンキューは，独占的競争理論を土台にして，「メニュー・コスト」という新しい概念を使いました。それは，企業が製品の価格を変更しない理由は，新しいカタログ，価格メニューを作る経費が存在するからと考えたのです。また，企業が価格を下方に切り下げたところで，消費者が実質の所得を他の商品の購入に振り替えてしまえば，必ずしも価格を下げた会社の製品を買うわけではありません。こうして価格の下方硬直性が発生し，失業とインフレーションのトレードオフも成立します。

　しかし，ニュー・ケインジアンといえども，裁量型の財政・金融政策には慎重という点で，古典的なケインジアンとは一線を画すようになりました。このように，今，マクロ経済学は進化しつつも，混迷を深めています。

図書案内

　次の本はソロー自身の研究からルーカス，ローマーたちの成長理論も視野に入れたソロー研究者の必読書です。
ロバート・M・ソロー，福岡正夫訳（2000）『成長理論（第2版）』岩波書店．
　ルーカスは学究肌の人だったので，日本語で読める著作は限られていますが，以下の著作は反ケインズ革命の歴史が専門的な見地から描かれています。
ロバート・E・ルーカス・Jr.，清水啓典訳（1988）『マクロ経済学のフロンティア―景気循環の諸モデル』東洋経済新報社．
　残念ながら，日本語で購読可能なプレスコットの本はありません．

1. ソローの経済成長理論は，どのような特徴を持っているのでしょうか。
2. ルーカスの合理的期待形成仮説は，どのような特徴を持っているのでしょうか。
3. プレスコットの景気循環理論は，どのような特徴を持っているのでしょうか。

4 | 計量経済学の説明する力
　　　クライン／ヘックマン／シムズ

《**本章のポイント**》 ミクロ経済学・マクロ経済学の理論的発展は，データを用いて，理論の有効性を検定する計量経済学を必要としました。計量経済学では，被説明変数を左辺に，説明変数を右辺において，観察できない要因を誤差項として，回帰分析します。しかし，回帰分析をする時に，色々な問題が起こります。一つの問題は，同時決定問題。価格と数量は，需要と供給の均衡で決まるので，均衡点を追っただけでは，需要関数と供給関数を識別できません。もう一つは，因果性。計量経済学で見るのは，相関関係なので，原因と結果をきちんと識別するには，注意深い取り扱いが必要です。クラインは，ケインズのマクロ経済学を計量的に分析するための方程式モデルを考案しました。ヘックマンは，ミクロ経済学における自己選抜のバイアスを指摘し，それを取り除く方法を提案しました。最後に，シムズは，マクロ経済学のさまざまな変数の相互依存関係の中から，経済政策の効果を識別するための方法を開発しました。

《**キーワード**》 マクロ計量経済学，ミクロ計量経済学，ベクトル自己回帰モデル

1. ローレンス・R・クライン（Lawrence R. Klein）

受賞	1980 年
生まれ	1920 年 9 月 14 日
死亡	2013 年 10 月 20 日
国籍	アメリカ
受賞時所属先	ペンシルベニア大学
受賞理由	景気変動・経済政策の経済モデルへの貢献

ローレンス・R・クライン
写真提供：ユニフォトプレス

（1）生い立ち

クラインは，イギリスで生まれたケインズ経済学をアメリカに持ち込み，マクロ計量経済学を用いて，経済予測という分野を確立した経済学者です。クラインは，日本を含めたネットワークを作って，国際マクロ計量経済学モデルの確立にも尽力しました。

クラインは，1920年，アメリカのネブラスカ州で生まれました。多くの大経済学者同様に，大恐慌がクラインに大きな影響を与え，経済学を志すきっかけとなったようです。ロサンゼルスのカレッジで数学を学んだ後，UCバークレー校に入学し，数学と経済学を学びました。その後，MITの大学院に入学し，1944年に，サミュエルソンの下で博士号を取得しました。シカゴ大学にあるコールズ財団の研究機関で本格的に計量経済学を学び，ミシガン大学で奉職します。そこで，世界初のマクロ計量経済学モデルとなるクライン・モデルを完成させたのです。

ここまで，クラインのキャリアは全米の主要大学を来歴し，順風満帆でしたが，にわかに暗雲が立ちこめます。アメリカで共産主義親派を公職から追放するマッカーシズムがおこり，クラインはアメリカを離れます。クライン自身は，この辺の事情を深くは語りません。1954年から4年間，クラインは，イギリスのオックスフォード大学統計研究所で，マ

クロ計量経済学モデルの発展に従事しました。

　マッカーシズムの嵐が去った1958年，クラインはアメリカに帰国し，ペンシルベニア大学教授となります。そこで，ウォートン・モデルと呼ばれる計量経済学モデルを会社化し，大学の収入に充てたようです。大学ビジネスの走りであり，クラインの意外な商才に驚きます。クラインは先進国・途上国の双方で国際マクロ計量経済学モデルの開発に従事しました。日本との関係も深く，大阪大学（当時）の森嶋通夫と協力して，国際経済学雑誌「International Economic Review」を創刊しました。

　マッカーシズムの苦難後の人生は栄光に満ち，1959年，クラーク賞受賞，1977年，アメリカ経済学会会長，そして，1980年に，ノーベル経済学賞を受賞しました。

（2）学問業績

　クラインの最初の学問的貢献は，ケインズ経済学の優れた解説書を書き，アメリカ経済学界に紹介したことです。アメリカにおけるケインズ革命の啓蒙は，ハーバード大学のアルヴィン・ハンセンが有名ですが，クライン自身も，1947年に，『ケインズ革命』を出版し，難解なケインズ経済学の大系を分かりやすく解説するというブームを生み出しました。

　クラインの最大の学問的業績は，ティンバーゲンやフリッシュが創始した計量経済学を発展させ，景気変動の予測を行うマクロ計量経済学モデルを完成させたことです。

　クラインは，『アメリカの経済変動』の中で，6本の連立方程式からなるマクロ計量経済学モデルを用いて，アメリカ経済の景気変動の予測を行いました。クラインの採用した連立方程式とは，次のようなものです。

- 消費関数は，賃金と利潤の関数。
- 投資関数は，利潤と資本ストックの関数。
- 賃金は，所得とタイムトレンドの関数。
- 国民所得は，消費と投資と政府支出の和として定義。
- 国民所得は，利潤と賃金の和として定義。
- 投資は，資本ストックの増加として定義。

　たった6本の連立方程式を計量経済学で推定し，シミュレーションしてみると，かなり正確に景気変動を再現することが出来ます。簡単な方程式で景気予測が可能であるという事実は，経済学者と実務家に大きな希望を与えました。もっと連立方程式の数を増やせば，あるいは，もっと方程式の関数形を複雑にすれば，近い将来，完全な景気予測が可能になると考えられました。クラインに続けとばかりに，1960年代以降，多くの経済学者が研究を進め，おおむね成功したように思われました
　その後，クラインは，国際マクロ計量経済学モデルを連立させた「LINKプロジェクト」を始めました。国際経済は各国が相互に連動しているので，一国の景気は他国の景気にも波及します。こうした国際マクロ計量経済学モデルは，国際機関の経済予測でも利用されており，経済計画の中心的な役割を果たしています。

（3）現代的意義

　クラインが活躍した時代は，アメリカ経済の黄金時代で，ケインズ経済学が新しい計量経済学と結びつき，景気変動を予測することも可能だとして，バラ色の未来が信じられた時代でした。実際に，クライン・モデルは，各国の経済研究機関で採用され，相応の成果を上げました。しかし，オイルショック以後，状況が一変します。不景気とインフレーショ

ンが共存するスタグフレーションが発生し，景気低迷が長引きました。

　マクロ計量経済学モデルは，なぜ各国経済の経済をうまく予測することが出来なくなったのでしょうか。計量経済モデルの前提は，変数の関数関係が安定的であり，構造変化がないことです。しかし，オイルショック以前と以後では，明らかな経済の構造変化があり，その前後で経済予測の適合度が落ちたのです。そして，未来のいつ，構造変化があるのかを見通すのは非常に難しいものです。

　こうした流れの中で，決定的なクライン・モデル批判を行ったのが，合理的期待形成仮説でノーベル経済学賞を受賞するロバート・ルーカスです。過去のデータから，関数関係を推定するマクロ計量経済学モデルは，基本的に静学的なモデルです。しかし，現実において，政策変化が起ったり，構造変化が起ったりすると，消費者や企業の期待形成にも影響を与えるので，彼らの行動にも変化が生じます。その結果，仮定された経済モデルも変化せざるを得ません。経済の動学的な内生的関係を考慮に入れていないモデルでは，経済予測が外れるのも無理はないのです。

　こうした批判は，「ルーカス批判」と呼ばれ，経済学者から正鵠を得た考えとして受け入れられています。現在では，マクロ計量経済学モデルでは，経済主体の期待を明示的に取り入れ，選好や技術の内生的な変化も取り扱う方向で進化しています。

2．ジェームズ・J・ヘックマン (James J. Heckman)

受賞　　　　　2000 年
生まれ　　　　1944 年 4 月 19 日
国籍　　　　　アメリカ
受賞時所属先　シカゴ大学
受賞理由　　　ミクロ計量経済学への貢献

ジェームズ・J・ヘックマン
写真提供：ユニフォトプレス

(1) 生い立ち

ヘックマンは，企業や個人のミクロ・データを用いて，計量経済分析を行うミクロ計量経済学を構築しました。ヘックマンは，1944年に，イリノイ州のシカゴ大学の近郊で生まれました。しかし，家族はシカゴ大学関係者というわけではなく，間もなく南部に引っ越したそうです。高校と大学は，コロラド州で過ごし，原子爆弾製造のマンハッタン計画の主導者，ロバート・オッペンハイマーの兄弟と親しい友人となり，知的興味をかき立てられました。

その後，ヘックマンは，プリンストン大学大学院で博士号を取得し，労働経済学と計量経済学を専攻しました。コロンビア大学に奉職し，1973年に，フリードマン率いるシカゴ大学に迎え入れられました。1974年に，UCバークレー校を訪問し，ミクロ計量経済学の双璧となるダニエル・マクファッデンと出会ったそうです。

ヘックマンは，教育経済学の興味があると公言する通り，教えるのが大好きで，多くの俊英を育て，学界に送り出しました。1991年には，アメリカ裁判所財団から支援を受け，法律の経済に与える影響の研究もしています。1983年，クラーク賞，2000年，ノーベル経済学賞を授与されました。

(2) 学問業績

　情報通信革命，コンピューター革命で，経済学の世界は一変しました。企業や個人のいわゆるミクロ・データが，低費用で入手できるようになり，ミクロ経済理論を計量経済学的にテストすることが可能になったのです。この流れを切り開いたのが，シカゴ大学のヘックマンとUCバークレー校のマクファデンです。以降，経済学研究のフロンティアは，理論研究から計量研究へと変貌していきます。

　ミクロ計量経済学には，個人の意思決定が介在することで，引き起こされる固有の問題「自己選抜バイアス」がありました。例えば，若者が高い教育を受けるかどうかという選択問題と生涯獲得賃金の関係を考えてみましょう。長い年数教育を受けた方が，賃金が高いという関係が広く観察されています。しかし，ここに，はまりやすい落し穴があります。人生は一度限りなので，もしも同じ人が大卒だった場合と高卒だった場合の賃金を比較することはできません。

　大学で技能を身につけ，良い職業を得て，高い賃金を得られると思う人だけが大学進学を選び，自分は大学に行っても，将来成功しそうにない人は大学進学を選びません。その結果，大卒後の賃金が高い人だけが大学に進学し，大卒後の賃金が低いと思う人は大学に行きません。したがって，単に大卒者と非大卒者の賃金を比較すると，大卒者の賃金は高めに出やすいというバイアスが発生してしまうのです。これが，自己選抜バイアスと言われる問題です。

　この問題を解決するために，ヘックマンは非常に簡単で実用性の高い方法を考案しました。ヘックマンは，大学進学と賃金の間の自己選抜バイアスの問題を，二段階に分けて考えました。第一段階では，大学に進学するかしないかという選択の問題を被説明変数として，さまざまな説明変数で回帰します。そして，大学に進学する予測確率を計算します。

第二段階では，賃金を被説明変数として，大学進学の予測確率を説明変数に加えて回帰します。こうした二段階の回帰法を使って，自己選抜バイアスを補正することができるのです。

　同じく，2000年に，ミクロ計量経済学の貢献で，ノーベル経済学賞を受賞したマクファデンの功績にも，言及しておきましょう。大学進学のところでも話題に出ましたが，被説明変数は進学する・しないという二値です。このように，被説明変数が離散的な計量経済学モデルを「離散選択モデル」と呼びます。離散選択モデルでは，被説明変数が連続変数である通常の線形回帰モデルと異なった取り扱いが必要であり，マクファデンは，ロジット・モデルと呼ばれる取り扱いが非常に容易なモデルを開発しました。

　このように，自己選抜バイアス問題に切り込んだヘックマンと離散選択モデルを開発したマクファデンは，今日に続くミクロ計量経済学という新しい学問トレンドを生み出し，実証経済学の発達に大きく貢献したのです。

（3）現代的意義

　ミクロ計量経済学の創設者のヘックマンですが，その後，教育や労働の分野でも，精力的に活躍します。黒人の貧困問題の理由を明らかにしたり，職業教育，学校教育ときて就学前教育に取り組んだりしました。ここでは，ヘックマンの就学前教育の主張について見てみましょう。

　ヘックマンが使ったデータは，「ペリー修学前プロジェクト」と呼ばれます。このプロジェクトは，1962年から1967年まで，ミシガン州の低所得な黒人世帯の子供を対象として，就学前の幼児に教室での授業と家庭での指導を与えました。指導内容は，子供の自発性を大切にして，自ら学び，自ら遊ぶことを尊重しました。就学前プロジェクトは，30週間

続き，40歳までの追跡調査を行いました。

　こうしたプロジェクトの結果から，ヘックマンは，3つの教訓を得ました。第一に，人生での成功は，IQテストや学校の成績のような認知的スキルだけでは決まらずに，心身の健康，根気強さ，注意深さ，意欲，自信といった非認知的スキルが重要です。実際に，非認知的スキルは，認知的スキルにも影響します。

　第二に，認知的スキルも，非認知的スキルも，幼少期に発達し，その発達は，家庭環境に左右されます。したがって，恵まれない家庭に生まれることが，子供たちの格差を生み，そうした家庭環境は世代を超えて受け継がれてしまうのです。

　第三に，子供の幼少期の発達に力を注ぐ教育政策で，子供の格差の問題を改善することは可能なのです。格差は遺伝的要因だけで決まるのではなく，幼少期の介入で，その後の人生にプラスの影響を与えることができます。学校教育を推進し，犯罪率を低下させ，労働者の生産性を向上させ，10代の妊娠を防げるのです。

　こうしたヘックマンの教育論は，2019年から実施される予定の日本の幼児教育無償化の議論にも影響を与えたと言われます。しかし，一部，慎重な意見も，日本の教育経済学者から聞こえてきます。ペリー修学前プロジェクトは，アメリカの貧困家庭を対象にしたプロジェクトでした。翻って，日本では，すでに，質の高い就学前教育が広く行き渡っており，さらに，自治体は先行して貧困世帯への補助も行ってきたので，今さら，日本政府が幼児教育無償化を行ったところで，追加的効果は乏しいというのです。求められているのは，有償でも良いので，0～2歳児待機児童の解消の方なのかもしれません。

3. クリストファー・A・シムズ (Christopher A. Sims)

受賞	2011 年
生まれ	1942 年 10 月 21 日
国籍	アメリカ
受賞時所属先	プリンストン大学
受賞理由	マクロ計量経済学への貢献

(1) 生い立ち

　ヘックマンがミクロ計量経済学の因果性を明らかにした貢献者であるならば，シムズはマクロ計量経済学の因果性を明らかにした貢献者です。シムズは，エストニア出身のユダヤ系アメリカ人です。ユダヤ人迫害を強めたロシアにおいて，曾祖父の政治活動が原因で移住せざるを得なかったそうですから，深い理由があったものと想像されます。自由の国アメリカとは言え，そこから這い上がって良い職業を得るのは並大抵なことではなかったはずです。しかし，その曾祖父は学問が好きで，高卒資格すらなかったのに，ウィスコンシン大学の有名な経済学者ジョン・コモンズに自分を売り込んだりして，コロンビア大学で博士号を取得したそうです。

　シムズは，1942 年に，ワシントン DC で生まれました。父親は陸軍関係の仕事をしており，その関係で，敗戦国であるドイツで幼年期を過ごしたと言います。曾祖父の影響でしょうか，一族には大学教授も多く，政治経済の話題が日常的に交わされていました。勉強も良くできたシムズは，ハーバード大学で学び，UC バークレー校でも勉強し，再び，ハーバード大学で博士号を取得しました。高名な計量経済学者デール・ジョルゲンソンには，彼の移動に伴い，バークレーでも，ハーバードでも，

お世話になりました。

シムズの優秀さが見込まれたのだと思いますが、ジョルゲンソン達に引き留められて、しばらくハーバード大学で教鞭を執りますが、大きな転機は、1974年にミネソタ大学に教授として赴任したことです。そこでは、ハーバード大学の同窓生で、後に、共同でノーベル経済学賞を取ることになるトーマス・サージェントがいました。そこに、同じくノーベル経済学賞を取ることになるエドワード・プレスコットが加わり、ミネソタ大学はマクロ経済学の一大研究拠点となりました。

クリストファー・A・シムズ
写真提供：ユニフォトプレス

シムズ自身は、当時主流であった合理的期待形成学派にさほど与(くみ)せず、比較的ケインズ寄りのマクロ経済学者であると目されます。しかし、面白いもので、がちがちの合理的期待形成学派のサージェントがミネソタを離れた後、ミネソタ大学では、マクロ経済学の教育における計量経済学の位置づけをめぐって、内紛が起こり、シムズも20年近く住んだミネソタを離れ、イェール大学に移籍し、さらに、プリンストン大学で奉職しました。移籍先でも、大活躍をして、2011年、ハーバードの同窓生で、ミネソタ大学の同僚でもあったサージェントと一緒に、マクロ経済学と計量経済学の貢献で、ノーベル経済学賞を受賞されました。

（2）学問業績

　マクロ経済学では，中央銀行が公定歩合（あるいは日本政府が所得税）を引き上げた時に，GDPやインフレ率にどのような影響があるのかを分析することが重要な政策課題となります。しかし，経済政策とマクロ経済変数の間の因果性を同定することは容易ではありません。なぜならば，現実の経済は，常に予測できないいくつもの攪乱要因であるショックによって影響を受けるからです。短期と長期の双方で，マクロ経済政策とその他のショックの影響を識別することが重要なのです。

　さらに，現実の経済は，原因から結果への一方向だけで動きません。政府と民間の両部門の期待形成を通じて，経済主体の原因と結果が複雑に絡み合う双方向性があります。民間は，将来の政府の政策変更を予測して，価格や生産量を決定します。他方で，政府は，民間経済の景気を予測して，経済政策を決定します。その双方向の期待形成過程の中に，オイル・ショックのような予想もしないショックが降りかかってくるのです。まさに複雑怪奇。マクロ経済学では，ランダムに片方のグループをコントロールにして，もう片方のグループをトリートメントにするような実験を行うことができません。どうやって，効果を識別すれば良いのでしょう。

　シムズは，このような問題を分析するために，「ベクトル自己回帰（VAR）モデル」を考案しました。一言でいえば，このモデルは複数のマクロ経済変数が双方向で影響し合う時に，諸変数の過去データから将来予測をすることです。シムズのVARモデルは，三段階に分かれます。

　第一段階では，経済学者や政策担当者は，利子率，物価水準，国民所得等，マクロ経済変数の時系列データを使って，今期の観察値を被説明変数，さまざまな変数の前期の観察値を説明変数として回帰します。回帰した結果と観察値の乖離を，ショックと考えがちですが，シムズは，

そう簡単に判断できないと言います。例えば，利子率の予想しない変化は，インフレや失業のような他の変数のショックに対する反応かもしれませんし，あるいは，利子率の変化は，他のショックとは独立に起っているのかもしれないからです。後者のように，ショックとは独立に起きた変化を，基本的ショックと言います。

第二段階では，この基本的ショックを用いて，経済への影響を分析します。詳細は省きますが，シムズは，この基本的ショックを識別するテストの方法を考案しました。元々，2003年にノーベル経済学賞を受賞したクライヴ・グレンジャーが，経済変数間の因果性（より正確には，変数の生起の先行関係）を識別する方法を提案していましたが，シムズは，よりマクロ経済学者にとって使いやすい形で，因果性の有無をテストする方法を編み出したのです。

第三段階では，「インパルス反応関数」という考え方を用いて，ある式の誤差項に与えられたショックが，その変数や他の変数にどのように影響していったかを明らかにします。

シムズは，こうしたVARモデルを用いて，通貨供給量が名目所得に対して，一方的な因果関係を持つという，フリードマンに代表されるマネタリスト仮説を検定し，仮説が支持されることを発表し，大いに反響を呼び，その後のマクロ計量経済学の活性化に貢献したのです。皮肉なことに，シムズ自身は，自身の開発した研究方法を一層深め，マネタリスト仮説から次第に離れ，トービンに代表されるケインズ学派寄りの考え方に近づいていきました。

（3）現代的意義

シムズの貢献は，あくまでアカデミックなものです。日本の政策談議の現場で話題に上るようなものではありません。しかし，2017年になっ

て，にわかに，新聞や雑誌で，シムズの名前が大いに取り上げられる出来事がありました。

事の次第はこうです。安倍晋三総理大臣が，第二次安倍内閣で主導する一連の経済政策を「アベノミクス」と呼びます。アベノミクスの主要な経済政策である大胆な金融政策，機動的な財政政策，民間投資を喚起する成長戦略を，三本の柱と呼びます。このアベノミクスの理論的支柱となったのが，イェール大学の浜田宏一名誉教授でした。

従来，デフレは貨幣的現象に過ぎないと，一貫して金融政策の重要性を説いてきた浜田宏一が，にわかに，日本銀行が掲げた「物価上昇率2％」の目標はいつまでも達成されないことに業を煮やして，日銀の異次元の金融緩和を続けながら，政府がもっと積極的に財政政策や減税政策をとることを主張しだしたのです。その宗旨替えのきっかけになったのが，2016年8月に，シムズが発表した論文を読んだからだというのです。

シムズの1本の論文が，日本の経済政策の在り方に大きな影響を及ぼす⁉ にわかに信じがたいほどの節操のなさで，君子豹変すると言いますから，浜田の考えが変わることは悪いことではありませんが，こんなに簡単に従来の主張を変えてしまったことに，心の平らかさを不安に思うところではあります

こうした状況の中で，シムズは2017年2月1日に来日し，日本の現状について「金利がゼロに近い状況で，これ以上の金融緩和は効かず，金融機関のバランスシートを損ねるだけだが，財政出動には効果がある」と持論を述べました。

以下，シムズの日本経済新聞インタビュー記事から一部抜粋して，内容を追ってみましょう（日本経済新聞2017年2月1日記事）。

―― 財政赤字を将来の増税や歳出削減ではなく，将来のインフレで工面すべきだと主張していますね。

「そうだ。それが一番大事だ」

―― 増税でなくインフレで借金を返すと人々が信じれば，実際にインフレが高まるということでしょうか。

「人々に信じてもらうには革新的な政策の考え方が必要だ。一例として2019年10月に消費増税を実施する代わりに，インフレーションターゲット（物価目標）が達成されるまでは増税を実施しませんと言ってはどうか（中略）」

―― 例えば物価2％の実現まで増税しないという約束ですね。

「私はそれを推奨している。2％をヒットすると確信するか，少し上回るまで増税しない」

ここで，記者は，シムズに，丁度，うまい具合に2％のインフレだけで止まるのか，制御不能なハイパーインフレーションに陥らないかという真っ当な質問をします。

―― 物価上昇が止まらなくなり，ハイパーインフレーションにはなりませんか。

「そんなに大きな危険はない。人々はなぜハイパーインフレが良くないかを理解している。インフレは政治的にも不人気だ。どう対処すべきなのかも分かるし，対処のための政策手段も整っている。物価が上がるよりも素早く金利を上げる。財政政策でも対処できる。過去のインフレの研究をみると，財政改革でインフレを終わらせている。間違いを繰り返さないということだ。資産規模が膨らんでいる中央銀行も準備預金の金利を引き上げることで，大きな力を発揮するだろう」

私は，このシムズの楽観に，いささか不安を覚えます。喉元過ぎればと言いますが，人間は過去の巨大なリスクを忘れがちです。本当に，ハイパーインフレを終わらすことができたのは，その時の経済政策の舵取りの結果だったでしょうか。シムズの意見は意見として，それをどう受け止めるのか，我々国民一人一人の良識と覚悟が求められています。

図書案内

　クラインには，何冊かの邦訳がありますが，晩年のクラインの研究を知るには，次の図書を薦めます。

ローレンス・クライン，市村真一（2011）『日本経済のマクロ計量分析』日本経済新聞出版社．

　ヘックマンには，教育経済学に関する次の図書があり，ヘックマンの教育政策に関する考えがまとめられています。

ジェームズ・J・ヘックマン，古草秀子（訳）（2015）『幼児教育の経済学』東洋経済新報社．

　残念ながら，シムズには，日本語のまとまった著書はないようです。

1. クラインのマクロ計量経済学モデルについて，考えてみましょう。
2. ヘックマンの教育政策の要点をまとめましょう。
3. シムズのアベノミクスへの提言をまとめましょう。

5 シカゴ学派の反ケインズ革命
フリードマン／スティグラー／ベッカー

《**本章のポイント**》 1970年代に入ると，失業とインフレーションが共存するスタグフレーションが常態化し，かつてのように，ケインズ経済学の提唱する財政政策・金融政策によって安定化がはかられなくなりました。ケインズ経済学の権威は失墜し，代わって，新自由主義やマネタリズムを標榜するシカゴ学派が台頭します。そのなかでも，最も影響の大きいフリードマンを取り上げましょう。フリードマンに率いられて，反ケインズ革命を標榜し，実現させたシカゴ学派ですが，その勢いは経済学の広い分野に及びました。スティグラーは，産業組織論の分野でシカゴ学派を築きました。ベッカーは，社会学的問題にも，効用最大化という経済モデルを持ち込み，人間行動を説明しました。

《**キーワード**》 マネタリズム，産業組織論，人的資本論

1. ミルトン・フリードマン（Milton Friedman）

受賞	1976年
生まれ	1912年7月31日
死亡	2006年11月16日
国籍	アメリカ
受賞時所属先	シカゴ大学
受賞理由	消費分析・金融史・金融理論と貨幣政策への貢献

（1）生い立ち

フリードマンは異端児です。第二次世界大戦後の繁栄の時代，世界を

ミルトン・フリードマン
写真提供：ユニフォトプレス

席捲(せっけん)したのはケインズ経済学でした。フリードマンは，政治思想的には，小さな政府を重視する新自由主義を，学問的には，貨幣供給を重視する「マネタリズム」を標榜し，ケインズ主義に反旗をひるがえしました。当初，勝ち目のない戦いでした。しかし，思いもかけず，ベトナム戦争，スタグフレーションとアメリカの政治経済が泥沼に入り，ケインズ経済学が有効な処方箋を描ききれなくなった時，時代はフリードマンに味方したのです。

フリードマンは，1912年に，アメリカのニューヨークの下町で生まれました。フリードマンの両親は，ハンガリーからのユダヤ系移民です。フリードマン一家の生活は苦しかったようです。追い打ちをかけるように，父親はフリードマンが高校生の時に亡くなっています。しかし，成績優秀なフリードマンは15歳で高校を卒業し，奨学金付きでニュージャージー州のラトガーズ大学に入学し，数学と経済学を修め，1932年に卒業しました。

大学を卒業する時，フリードマンには二つの道がありました。一つはブラウン大学に進学し，数学を研究すること。もう一つはシカゴ大学に進学し，経済学を研究すること。ラトガーズ大学で世話になったシカゴ大学OBのホーマー・ジョーンズの勧めがあり，フリードマンはシカゴ大学への進学を決意します。当時のシカゴ大学には，ヤコブ・ヴァイ

ナー，フランク・ナイト，ヘンリー・シュルツ等，アメリカを代表する経済学者が集っていました。その上，ジョージ・スティグラー，アーロン・ディレクターのような終生の親友，伴侶となるローズ・ディレクター（アーロンの妹）にも出会いました。

　不思議に思えるのは，シカゴ大学で修士号を修得後，ハロルド・ホテリングのいるコロンビア大学に移籍し，シカゴ大学の縁は切れなかったものの，最終的には，1946年に，コロンビア大学から博士号を取得したことです。コロンビア大学ではフェローシップがついていたそうなので，学費の問題かも知れません。大恐慌のニューディール時代，フリードマンは国家資源委員会（NRC）や全米経済研究所（NBER）で大規模な家計調査に携わり，「恒常所得仮説」の基礎を築きました。

　その後，財務省，コロンビア大学，ミネソタ大学などで奉職した後，フリードマンは，ヴァイナーの後任として，1946年に，シカゴ大学から経済理論の教授職を提供されました。シカゴ学派のフリードマンの誕生です。合わせて，フリードマンはNBERにも所属し，アンナ・シュワルツと貨幣史の大研究を行います。マネタリズムのフリードマンの誕生でもあります。

　1970年代になると，ケインズ経済学の退潮が明らかとなり，新自由主義とマネタリズムが勢力をつけ，シカゴ学派の反ケインズ革命がほぼ成功しました。フリードマン自身，1951年に，ジョン・ベーツ・クラーク賞，1967年に全米経済学会会長，1976年に，ノーベル経済学賞を受賞し，シカゴ大学退職後はスタンフォード大学のフーバー研究所で，自由主義の論陣を張りました。ニューヨークで生まれ，シカゴで活躍し，最後はサンフランシスコに居着いた彼は，2006年に，94歳の長寿を全うしました。

（2）学問業績

　フリードマンの研究業績は多岐にわたりますが，ここでは，恒常所得仮説，新貨幣数量説，自然失業率仮説について解説しましょう。

　ケインズ経済学では，消費は所得の関数として定義されています。マクロで見れば，所得の一定部分が消費に回され，残りの部分が所得に回るのです。ケインズは，貯蓄決定要因として，老後や子供の教育に対する予備的動機，利子所得や資産価格の騰貴を狙う打算，自尊心や吝嗇（りんしょく）等の心理的要因を挙げました。

　フリードマンは，消費の決定に対して，別の見方をしました。所得を定期的に得られる恒常所得と一時的な所得とに分け，消費は専ら恒常所得によって決まると考えたのです。この考えは景気変動と消費の関係を考察する端緒ともなりました。フランコ・モディリアーニは，フリードマンの「恒常所得仮説」を発展させ，一生涯に得られると期待される生涯所得を寿命で除した平均生涯所得が消費を決定すると考えました。モディリアーニの理論は，「ライフサイクル仮説」として，今日もなお消費関数の有力な仮説の一つです。

　また，ケインズ経済学では，貨幣供給量が利子率に影響を与え，利子率が投資に影響を与え，投資が所得や雇用に影響を与える体系になっています。これは，貨幣経済と実物経済は分離して考えることが出来るという貨幣数量説の批判でした。貨幣数量説によれば，貨幣供給量の増減は物価水準だけに影響を与え，所得や雇用には影響を与えないと考えられるからです。

　フリードマンは，短期的には貨幣供給量が所得や雇用に影響を与えることは認めながら，長期的には物価だけに影響を与えるという短期と長期の区別により，貨幣数量説を擁護しました。この見立てによれば，大恐慌の原因は金融政策の人為的な運営の失敗であり，誤った金融引き締

め政策により，短期的には実物経済に悪影響を及ぼしたのです。

　ケインズ政策のように，裁量的な財政金融政策はいたずらに景気変動を生み出すだけで，長期的には所得や雇用に影響を与えることは出来ません。これがフリードマンのケインズ批判です。ケインズは貨幣が重要であると考えましたが，フリードマンは貨幣だけが重要であると考えたのです。「マネタリズム」と呼ばれる理由です。フリードマンは，インフレーションを貨幣的現象であるとして，インフレや景気変動を安定化させるために，貨幣供給は人為的裁量ではなく，一律のルールにもとづいて行うべきであると主張しました。

　もともと，戦後のケインズ政策の前提には，アルバン・ウィリアム・フィリップスが発見したインフレ率が高いと失業率が低く，インフレ率が低いと失業率が高いというインフレと失業のトレードオフ関係が存在しました。しかし，1970年代に入ると，インフレと失業が共存するというスタグフレーションが常態化し，ケインズ経済学の有効性が疑われるようになったのです。

　それに対して，フリードマンは，フィリップスの曲線は短期的現象に過ぎず，長期的には一定の失業率に収斂すると論じ，インフレ率は貨幣供給量だけで決まるとしました。この長期的な失業率を「自然失業率」と呼び，自然失業率以上に好景気を引き起こそうとすれば，単に人々のインフレ期待率を上げるだけですべて物価上昇に跳ね返るのです。

（3）現代的意義

　フリードマンの活躍は，学界だけに留まりません。新自由主義者として，小さな政府の推進活動を強硬に主張した闘士として，その名を知られています。また，アメリカ国内外の政府アドバイザーとして積極的に関与し，新聞・雑誌・テレビでも，登場を惜しみませんでした。

新自由主義者フリードマンの主張が最もよくまとめられているのが，『資本主義と自由』です。1962年の発売以来，100万部以上売れたと言われています。

　そこでは，政府が手がけてはいけない政策が，14項目にわたって列挙されています。

- 農産物の買い取り保障価格制度
- 輸入関税または輸出制限
- 商品やサービスの産出規制
- 物価や賃金に対する規制・統制
- 法定の最低賃金や上限価格の設定
- 産業や銀行に対する詳細な規制
- 通信や放送に関する規制
- 社会保障制度や福祉
- 事業・職業に対する免許制度
- 公営住宅および住宅建設の補助金制度
- 平時の徴兵制
- 国立公園
- 営利目的の郵便事業の禁止
- 国や自治体が保有・経営する有料道路

　フリードマンの主張は，発売当初，過激で奇矯(ききょう)な絵空事として真面目には受け止められませんでした。しかし，50年経った今，むしろ常識に属するものもあります。ここでも，フリードマンの反革命は，成功したと言えます。

　ここで，フリードマンの個々の経済政策提言について，是々非々を論

じるつもりはありません。一つだけ，コメントしましょう。フリードマンのようなユダヤ系移民にとって，新自由主義は消極的な自由放任とは異なる，積極的な自由獲得の主張です。フリードマンの若手研究者時代は，ナチスのユダヤ人迫害の歴史とまさに時期が重なり，血縁・同胞が強制収容所で虐殺されたのを目の当りにしていたのです。そのような時に，新自由主義を叫ぶことは，ユダヤ人の権利主張として考えれば，心からのメッセージでした。富裕層の主張する既得権益の擁護とは異なるのです。

しかし，同胞のすべてが，フリードマンのようにたたき上げて，成功できるわけではありません。成功できなかった無数のフリードマンの亡霊にも，優しい配慮が必要なのかもしれません。

2．ジョージ・J・スティグラー（George J. Stigler）

受賞　　　　1982 年
生まれ　　　1911 年 1 月 17 日
死亡　　　　1991 年 12 月 1 日
国籍　　　　アメリカ
受賞時所属先　シカゴ大学
受賞理由　　産業構造・市場の役割，規制の原因と影響への貢献

(1) 生い立ち

スティグラーは，同級生のフリードマンと並んで，シカゴ学派を世界の冠たる存在に持ち上げた代表的な人物と言えます。産業組織論と呼ばれる市場や産業や規制を取り扱う学問分野において，それまで主導していたハーバード学派を追いやり，ロナルド・レーガン大統領の時代に，シカゴ学派カラーで塗り替えました。しかし，スティグラー自身は学究

ジョージ・J・スティグラー
写真提供：ユニフォトプレス

肌で，政治やマスコミで目立った仕事をしたわけではありません。

　スティグラーは，1911 年に，アメリカのワシントン州で生まれました。両親はハンガリー系の移民でした。1931 年に，ワシントン大学を卒業後，シカゴ大学の大学院で学び，フランク・ナイトの指導の下，1938 年に，博士号を取得しました。テーマは，1870 年から 1915 年までの生産・流通理論の歴史だったといいます。

　その後，アイオワ州立大学，ミネソタ大学，ブラウン大学，コロンビア大学の各大学で奉職した後，1959 年に，シカゴ大学に戻りました。目立ったエピソードはありませんが，1946 年に，母親に今はどういう地位なのかと尋ねられた時，スティグラーは誇らしげに「教授だ」と答えました。何年も経って，母親から同じことを聞かれ，同じ答えをしたところ，「昇進はしないのか」と言われたというエピソードが，学究肌のスティグラーの人となりを表しています。

　スティグラーは，1964 年，全米経済学会会長を務め，1982 年に，ノーベル経済学賞を受賞しました。また，1947 年のモンペルラン・ソサイエティーの設立に携わり，1976 年から 1978 年まで，同協会の会長を務めました。1987 年には，アメリカ国家科学賞も授与され，1991 年に，亡くなりました。

（2）学問業績

　スティグラーの業績は，産業組織論にシカゴ学派を創設し，現実の経済政策に大きな影響を与えたことです。ミクロとマクロの中間層を扱う産業組織論は，もともと，1930年から50年にかけて，ハーバード大学で発展しました。その内容は，市場構造が市場行動を決定し，市場行動が市場成果を決定するので，市場構造を重視すれば良いというものです。そこで，ハーバード学派は厳格な独占禁止政策を提唱し，カルテルや大型水平合併には，原則禁止の立場を取り，場合によっては，大企業の分割訴訟もとりました。

　スティグラーが率いるシカゴ学派は，ハーバード大学の主張に真っ向から反論しました。シカゴ学派は，ミクロ経済学の「価格理論のレンズ」を通した分析を重視します。その政策観も，厳格な独占禁止政策には反対で，原則自由放任を主張しました。

　シカゴ学派の産業組織論は，最初は相手にされなかったものの，次第に支持を広げ，レーガン大統領政権下で，大幅に採用されました。これを「反トラストのシカゴ革命」と呼びます。1982年に制定された合併ガイドラインでは，垂直合併・混合合併は水平的競争制限を生じない限り，原則的に合法であり，また水平合併規制も大幅に緩和すべきことがうたわれました。

　私は，スティグラーやシカゴ学派の産業組織論を評価します。ハーバード学派の産業組織論はあまりにナイーブで，仮定と結論が一体となった政策的主張でした。それに比べれば，シカゴ学派の産業組織論は，伝統的なミクロ経済学を用いて，独占的な企業の行動の分析，寡占企業の共謀や協調の分析を行おうとしている点でレベルが高いと言えます。

　さらに，シカゴ学派は経済学研究と法学研究の結びつきが強く，世界でもいち早くロースクールにおいて，「法と経済学」という分野が導入さ

れました。そこから輩出された人材が，独占禁止政策などの実務に携わっていくという仕組みです。

　スティグラー達シカゴ学派は，規制企業に対して，次のような「レント・シーキング論」を主張し，政府の規制に反対しました。規制企業はあらゆる独占的レント（利潤）を費やしてでも，事業免許の特権を保持しようとするため，政府の失敗は市場の失敗よりもはるかに大きくなると考えます。独占企業が利潤を本来の経済活動に振り向けず，いたずらに既得権益を守るための官民癒着に走ることを「規制の虜(とりこ)」とも呼びます。

　市場の失敗と政府の失敗のどちらの弊害が大きいか，慎重な比較考量が必要ですが，1970年代から始まった大規模な規制緩和論の背景には，政府の失敗への強い批判があり，その学問的背景にスティグラー達の提唱した規制の虜論があったのは事実です。

　最後に，もう一つ，スティグラーの重要な業績の一つに，「情報の経済学」があります。伝統的ミクロ経済学によれば，一物一価の法則があり，同じ財サービスの市場価格は一つだけになるはずですが，実際には秋葉原の家電製品のように近隣市場圏でも，価格は決して一物一価に収斂していません。スティグラーはこれを情報の不完全性に根ざすものと考え，情報の収集も一つの経済活動として説明しました。そして，最適な情報収集はその活動費用とそれから得られる期待便益の釣り合ったところで決まるといいます。情報の不完全性と価格の分布という発想が多くの研究者にインパクトを与えたことは事実です。

（3）現代的意義

　スティグラーの創始した産業組織論のシカゴ学派は，学界のみならず政策論にも大きな影響を持ちました。その学問的内容は比較的単純で，

ほぼ100年前にできあがったミクロ経済学理論をそのまま独占・寡占・規制のような競争以外の問題にあてはめました。スティグラーが，産業組織論というのは独立した学問分野ではなく，応用ミクロ経済学であるというゆえんです。

このように，産業組織論の歴史は，ハーバード学派とシカゴ学派の激しい拮抗の歴史でしたが，シカゴ学派が勝利したと言えます。しかし，1970年代以降意外な事態が進行しました。ハーバード学派でもシカゴ学派でもない第三の潮流，「新しい産業組織論」が誕生しました。

新しい産業組織論の誕生には，二つの背景があります。第一に，伝統的産業組織論は内在的に非整合なところがありました。ハーバード学派は，現実の市場が完全競争と独占の中間だと認識しましたが，不完全競争を有効に分析するための市場行動論を持ちませんでした。シカゴ学派は，産業組織論がミクロ経済学の応用分野であると認識しましたが，そこで用いるモデルは完全競争と独占の域を出ない素朴なものでした。

第二に，ゲーム理論の静かな革命は，不完全競争市場の戦略的相互依存性をミクロ経済学的視点から分析することを可能にしました。こうして，「産業経済学の理論的発展の黄金時代」という新たな状況が到来したのです。

1990年代，ビル・クリントン大統領の時代に入って，新しい産業組織論は徐々に独占禁止政策に，「ポスト・シカゴ学派」として影響力を持ち始めました。元来，ハーバード学派は市場が不完全競争であることを重視し，シカゴ学派は経済モデルの分析の意義を説きます。それに対して，新しい産業組織論は，それら両方の主張を取り入れたモデルを開発しました。

ゲーム理論の産業組織論における躍進ぶりはただ目を見張るばかりですが，「すべてを説明する理論は何も説明していない」という警句を思い

出す必要もあります。優秀なゲーム理論家の参入は，退屈な分野と見なされていた産業組織論のイメージを一変させましたが，産業組織論が本当に現実の独占禁止政策や規制改革を実り豊かにし，人々の生活に役立ったかどうかまで見極めるにはもう少し時間がかかります。

3．ゲーリー・S・ベッカー（Gary S. Becker）

受賞　　　　　1992 年
生まれ　　　　1930 年 12 月 2 日
死亡　　　　　2014 年 5 月 3 日
国籍　　　　　アメリカ
受賞時所属先　シカゴ大学
受賞理由　　　広範な人間行動と相互作用へのミクロ経済分析への貢献

（1）生い立ち

　社会学のような非経済学領域にまで，経済学的手法を用いて，経済学は他分野からひんしゅくを買いました。こうした流れを，「経済学帝国主義」と言いますが，その張本人がベッカーです。一昔前までベッカーは経済学内外から蛇蝎のように嫌われました。しかし，ケインズ学派との闘争にシカゴ学派が勝利し，ベッカーがノーベル経済学賞までもらうと，その批判の声は収まっていきました。世の中はげんきんなものです。

　ベッカーは，1930 年，アメリカのペンシルベニア州で生まれ，小さい頃にニューヨーク州の下町に引っ越しました。父親は小さな会社を経営していたといいますが，早い段階で失明し，ベッカーが父親に経済記事や指標を読み上げたそうです。それがベッカーの経済学への興味をかき立てることになりました。

　ベッカーはプリンストン大学で数学と経済学を学びました。しかし，

経済学には本当に面白い問題を取り扱っていないという失望感を感じ，むしろ社会学のほうに興味を持ったそうです。1951年，シカゴ大学の大学院に入学し，フリードマンを師と仰ぎます。簡単な経済モデルで多くの現象の説明をするフリードマンに感化され，再び経済学への興味が復活しました。

3年間の大学院修了後，直ちにシカゴ大学の助教授として採用されますが，シカゴ大学にある種の行き詰まりを感じ，コロンビア大学に転出し，12年間を過ごします。したがって，ベッカーの主要業績は，かなりの部分がコロンビア大学在職中に発表されました。そして，1970年，満を持して，再びシカゴ大学教授として招聘され，社会学部の教授も兼任しました。

ゲーリー・S・ベッカー
写真提供：ユニフォトプレス

ベッカーは，1967年に，ノーベル賞の登竜門クラーク賞を受賞し，1987年に，全米経済学会会長を務め，1992年に，ノーベル経済学賞を受賞しました。ビジネスウィークにも軽妙なエッセーを連載し，好評でした。

（2）学問業績

ベッカーの学問業績の特徴は，合理的な効用最大化モデルを用いて，教育・医療のような経済学的問題から，結婚・離婚・出産・犯罪・差別

のような社会学的な問題まで説明することです。ベッカーはしばしばイギリスの作家バーナード・ショーの「経済は生きる全てのほとんどである」という言葉を引用し，自分の研究を説明しています。

　ベッカーの最も有名であり重要な業績は，「人的資本理論」です。人的資本理論によれば，人間の能力もまた機械や工場のような資本として考えることができ，教育や職業訓練に投資すると，人的資本が蓄積され，生産性が高まります。18歳の青少年が大学に進学しようか，就職しようか考えるとします。希望の大学に進学するためには，厳しい受験勉強を経なければいけません。希望の職種に就くためには，大学時代も良い成績を取ることが必要です。これらは負の効用です。

　他方で，希望の職種に就けば，生涯獲得所得も増え，満足のいく消費生活を送れます。その他，大学に行くには授業料がかかるので所得制約，大学に行く間は他の活動が出来なくなるので時間制約も考えなければいけません。こうして，ベッカーは所得制約，時間制約の中で，一生涯の効用を最大化するように，教育投資の最適な水準を決定すると考えました。

　人的資本理論は，今では経済学の中で完全に受け入れられ，なくてはならない分析ツールとなりました。ベッカーもここで止めておけば，多くのひんしゅくを買わずにすんだでしょう。しかし，ベッカーは，さらにその先の道を進みました。結婚するかしないか，離婚するかしないか，子供を産むか産まないかという家族の問題。犯罪を犯すか，刑罰に服するかという問題。人種や性の差別を行うかどうかという問題。こうした社会学的な問題にも同じような方法論で説明を試みたのです。ベッカーにとっては，こちらこそ，より興味のある研究対象であったのでしょう。

　ベッカーの研究には，医療・健康に関するものもあります。ここでは，喫煙や飲酒のような嗜癖を例にとって考えてみます。嗜癖には，「依存

症」がつきものです。依存症の怖いところは，繰返し刺激を追求すると，刺激の効き目が薄くなることです。これを耐性といいます。さらに，長い間，刺激から遠ざかると，不安やイライラを感じます。これを離脱といいます。この耐性と離脱のために，やめたくてもやめられなくなってしまいます。ここまでいけば，もはや中毒です。

　経済合理性を重視するベッカーは，喫煙のような嗜癖の効用と不効用のすべてを考慮に入れた上で，納得づくで中毒にはまるという考え方を「合理的嗜癖モデル」と呼びました。すでに説明したように，人的資本理論では，人間の経済的価値を投資によって高めることができるとして，その価値を資本のように蓄積できると考えます。その方向にしたがって，健康が効用を生み出す資本であると考え，消費者は健康を改善させるために医療サービスを消費するという医療需要モデルが考えられました。将来の健康資本に与える影響を考慮して，現在の医療サービスの消費を決めるという考え方は，医療経済学にも大きな影響を与えました。

（3）現代的意義

　ベッカーは，人間が合理的な行動を取ると仮定できる根拠を進化論的なメタファーに求めました。ベッカーによれば，合理的な行動を取らない人間は職業や結婚で有利な選択を出来ず，結局生存競争に負けていくので市場から淘汰されていきます。裏返していえば，市場で勝ち残るのは，合理的な人間のはずというわけです。これを「あたかも合理的」仮説と呼びます。

　ただし，このあたかも合理的仮説は，どの程度強固なものなのでしょうか。その昔，人間が猿に近かった頃，確かに生命の危険は至る所に存在し，一つの判断ミスが命取りになったでしょう。このようにしてリスクを回避する傾向が人間の心の中に備わってきたものと思われます。ひ

るがえって，現代はどうでしょうか。バーゲンセールで衝動買いすれば，カードローンに苦しめられますが，命まで奪われるわけではありません。つまり，古代に比べて，現代は進化論的な圧力ははるかに低下しているわけです。人間を適者生存の証しと決めつけるには無理があります。

人間の感情はなぜ理性に先立つのでしょうか。皮肉なことに，ベッカー達の主張とは反対で，こここそ進化論上のメカニズムが働いた結果なのかもしれません。なぜならば，人間の文明がまだ進んでいない時に，夜道に猛獣に出会うなど，危険に直面したら，ほとんど助からなかったでしょう。一度のリスクの軽視が命取りになったわけです。

そこで，人間が進化論的に取った作戦が危険を察知したら，恐怖や怒りという感情にまかせてぐずぐずせずに，逃げるなり闘うなり行動せよというものだったでしょう。ベッカーのような単純な費用と効用の比較だけで人間の行動を解明しようというのは，ナイーブと言われても仕方ないのかもしれません。

図書案内

フリードマンの著作の中で最も読みやすい2冊をあげます。

ミルトン・フリードマン，村井章子訳（2008）『資本主義と自由』日経BPクラシックス．

ミルトン・フリードマン，西山千明訳（2002）『選択の自由―自立社会への挑戦』日経ビジネス人文庫．

スティグラーの著作の多くが翻訳されています。比較的読みやすいものとしては次のような本があります。

ジョージ・J・スティグラー，南部鶴彦，辰巳憲一訳（1963）『価格の理論（上・下）』有斐閣．

ジョージ・J・スティグラー，上原一男訳（1990）『現代経済学の回想――アメリカ・アカデミズムの盛衰』日本経済新聞社．

最後に,ベッカーの読みやすい本としては次のような本があります。
ゲーリー・S・ベッカー,ギティ・N・ベッカー,鞍谷雅敏・岡田滋行訳(1998)
　『ベッカー教授の経済学ではこう考える――教育・結婚から税金・通貨問題まで』
　東洋経済新報社.
ゲーリー・S・ベッカー,リチャード・A・ポズナー,鞍谷雅敏,遠藤幸彦訳(2006)
　『ベッカー教授,ポズナー判事のブログで学ぶ経済学』東洋経済新報社.

1.マネタリズムの主張をまとめてみましょう。
2.ハーバード学派とシカゴ学派は,どのように違うのでしょうか。
3.人的資本理論では,教育投資をどのように考えるのでしょうか。

6 | 金融経済学の功罪
トービン／マーコヴィッツ／ショールズ

《本章のポイント》 本章では，金融経済学に大きな貢献を残した三人の経済学者を取り上げます。ノーベル経済学賞は，一般均衡理論のような，抽象的で金儲けの役に立たないところに有り難みがありました。しかし，トービンがケインズ経済学の金融理論を現代風にアレンジし，マーコヴィッツとショールズは，投資家はどのような行動をとれば良いのかを分析する現代ファイナンス理論を発展させました。のみならず，彼ら自身が投資会社の経営にも乗りだし，大きな利益も得ましたが，時に手痛い失敗もしました。こうして，ノーベル賞経済学者のマネーゲームは，ノーベル経済学賞の権威にも傷をつけかねないと論争を引き起こしたのです。

《キーワード》 ファイナンス理論，ポートフォリオ理論，金融工学

1．ジェームズ・トービン（James Tobin）

受賞	1981 年
生まれ	1918 年 3 月 5 日
死亡	2002 年 3 月 11 日
国籍	アメリカ
受賞時所属先	イェール大学
受賞理由	金融市場と支出・雇用・生産・価格の関連への貢献

（1）生い立ち

　トービンは，1918 年，アメリカのイリノイ州の大学町で生まれました。

父親はジャーナリスト。トービンは，1935 年，父親の勧めもあって，ハーバード大学に入学します。その当時のハーバード大学は，シュンペーター，チェンバリン，レオンチェフ，ハンセンを教授として，サミュエルソン，バーグソン，マスグレイブを大学院生・講師として擁し，黄金時代を迎えていました。トービンは，大学院生のチューターと出版されたばかりのケインズ『一般理論』を読み，大きな影響を受けます。大恐慌とケインズが，トービンの経済学者としての道を決定づけたと語っています。

ジェームズ・トービン
写真提供：ユニフォトプレス

1939 年に，ハーバード大学を卒業し，ワシントン DC で経済統計や海軍の仕事に就きました。そのまま，行政官としての仕事に歩む道もありえたわけですが，ハーバード大学の経済学部長の手紙によって，研究者の道に戻ることを決意し，1947 年に，ハーバード大学から経済学博士号を取得します。そして，ハーバード大学のジュニア・フェローに選ばれ，3 年間自由に研究できる待遇を得ました。1949-50 年に，トービンはケンブリッジ大学で計量経済学の勉強を徹底的にしました。

トービンの秀才はすでに知れ渡っており，1950 年には，イェール大学に就職し，1955 年には，教授となりました。不自由のない成功したキャリアです。その後も，1955 年にノーベル賞の登竜門であるクラーク賞を受賞し，コールズ財団研究所が，シカゴ大学からイェール大学に移るこ

とにも尽力しました。

　トービンは教えることが大好きで，沢山の講義を担当しました。そのかいあって，マーコヴィッツやフェルプス等，将来のノーベル経済学賞受賞者と一緒に，イェール大学を強力な経済学研究機関の一つに育て上げました。そうした功績が認められ，1971 年，アメリカ経済学会会長，1981 年，ノーベル経済学賞を受賞し，2002 年に死去しました。

（2）学問業績

　トービンの研究は，マクロ経済学，経済政策，金融理論，消費理論，投資理論と非常に幅広です。その中で，ノーベル賞の受賞に直接つながったのは，トービンの「ポートフォリオ理論」，トービンの「q 理論」と言われる二つの金融経済学への貢献です。ここでは，ポートフォリオ理論を解説しましょう。ポートフォリオ理論とは，投資をする資産の期待収益を最大化し，危険を最小化し，収益と危険のベストミックスを決定する理論です。

　ケインズ以前の経済学では，利子率は，現在の消費を我慢して，貯蓄することへの報酬と考えました。これを，第一種の時間選好理論といいます。この考え方によれば，利子率は，資金供給者の貯蓄と資金需要者の投資の価格として定義されます。

　ケインズは，古典的利子論を批判しました。第一種の時間選好理論には，投資に関する未来の不確実性が反映されていません。投資家が直面するのは，元本が保証されても利子が付かない現金か，元本が保証されないが利子が付く危険資産の選択です。要は，将来いつでも換金性があるかどうかで，流動性の放棄の対価として利子率が決まるのです。これを，第二種の時間選好理論あるいは流動性選好理論と呼びます。

　トービンは，ケインズ理論を発展させました。貨幣は，利子が付かな

いものの，危険ゼロの安全資産です。株のような危険資産は，利子やキャピタルゲインを期待できるものの価格変動があります。投資家は高い収益を望みながら，危険を回避できるならば，手持ちの投資額のうち，部分的に安全資産を保有し，部分的に危険資産を保有します。トービンは，エレガントなモデルを用いて，投資家の最適なポートフォリオの比率を理論的に示しました。

　トービン理論の優れたところは，ポートフォリオの2問題，すなわち安全資産と危険資産の分散の比率の決定と，危険資産の収益と危険のトレードオフを分けて考える「分離定理」によって問題を解決したことです。

　ポートフォリオ理論は，ハリー・マーコヴィッツによって彫刻され，マイロン・ショールズたち金融工学者の手によって，現代数理ファイナンス理論として，一大潮流をなしました。

　ただし，ケインズ経済学の立場から，トービンのポートフォリオ理論には，賛否両論あります。ポートフォリオ理論は，危険資産の収益と危険の確率分布が事前に分かる場合には有効です。平常時の金融市場では，ポートフォリオ理論が優れたガイドラインとなりますが，未曾有の天変地異や金融システムの崩壊のような，確率分布を想定できないシステム・リスクに対しては無力です。ケインズが重視したのは，そうした確率分布が分からない真の不確実性なのです。

　トービンがポートフォリオ理論で果たした役割は，ケインズ理論の分かりやすい部分を明快にした点で，ヒックスがIS・LM曲線でケインズの有効需要理論を分かりやすく定式化したのに似ています。こうした研究業績は，教科書で教えやすい点で，ノーベル経済学賞では好まれる研究です。

（3）現代的意義

　トービンが，ハーバード大学を卒業後に，キャリアをワシントンDCで行政官としてスタートさせたことはすでに述べました。その後，トービンは大学教授に鞍替えしたわけですが，ケネディ政権下の経済諮問会議で委員を務め，その後も顧問として，しばしば，経済政策の運営に対して，強い影響力を持ちました。当時のアドバイザーのメンバーは，アローやソロー等，ノーベル経済学賞受賞者を含み，ドリームチームとして，「ニュー・エコノミクス」と呼ばれました。トービンは，1960年代前半の経済成長と安定の両立を指して，自分たちの貢献としました。そして，その後のベトナム戦争とスタグフレーションによって，自分たちの財産が食いつぶされたと嘆いています。

　確かに，そういった側面はあるでしょう。しかし，不況とインフレが共存するスタグフレーションが発生した時，ニュー・エコノミクスが有効な処方箋を描けず，ケインズ経済学の退潮を招き，反ケインズ経済学派の勃興の中で，影響力を失ったことに対しては責任があります。

　1970年代以降，トービンは研究や政策の一線から離れ，傍観者的な印象をぬぐえなかったとまで言うのは酷過ぎるかもしれません。トービンは，固定相場制が崩壊し，変動相場制への移行が不可避になった1972年，投機目的の短期的な取引を抑制するため，国際通貨取引に課税するという「トービン税」を提唱し，注目を集めました。その後も，国際金融投機による金融システム不安が起こる度に，思い出したようにトービン税の議論が巻き起こりますが，国際的な各国金融当局が足並みを揃えて，トービン税の導入に踏み切るとは考えにくく，今のところ，絵に描いた餅に留まっているのは残念です。

　トービンの経済学者としての生涯は栄光に満ち，類い稀な才能を活かし，何一つ不自由ないものだったように思われます。しかし，アメリカ・

ケインズ経済学者として，ミルトン・フリードマン率いるマネタリズムの台頭を許し，ひいては勢力の逆転を許した点で，忸怩(じくじ)たる思いがあったかも知れません。

2．ハリー・M・マーコヴィッツ（Harry M. Markowitz）

受賞　　　　　1990 年
生まれ　　　　1927 年 8 月 24 日
国籍　　　　　アメリカ
受賞時所属先　ニューヨーク市立大学
受賞理由　　　資産形成の安全性の理論への貢献

（1）生い立ち

　ポートフォリオ資産選択理論を，今日の形で完成させたのが，マーコヴィッツです。マーコヴィッツには，面白いエピソードがあります。指導教授のフリードマンが，マーコヴィッツの博士論文を読んで，「これは経済学ではない」と，博士号の授与を渋ったという話です。資産選択理論は経済学の重要分野で，今日では考えられない話ですが，当時の学界の雰囲気を伝えてくれます。

　マーコヴィッツは，1927 年，アメリカのイリノイ州シカゴで生まれました。両親は八百屋を営み，大恐慌の大きな影響を受けずに育ったといいます。スポーツや音楽，そして勉強が好きな少年で，ダーウィン進化論に興味を覚えたそうです。地元の名門シカゴ大学に入学し，そこで一番興味を持ったのは不確実性下の意思決定理論でした。コールズ財団の学生研究員に選ばれる栄誉にも恵まれました。

　1952 年，オペレーション・リサーチで有名なランド・コーポレーションに入所し，そこで本格的にポートフォリオ研究に取り組みました。ト―

ハリー・M・マーコヴィッツ
写真提供：ユニフォトプレス

ビンの誘いでイェール大学で研究し，1959年，ポートフォリオ理論に関する本を出版しました。その後，自分の会社を設立しましたが，1990年に，ニューヨーク市立大学の教授となり，同年，ノーベル経済学賞を受賞しました。

（2）学問業績

リスクと不確実性は，経済学の永遠の課題です。事前に確率分布が想定可能な事象をリスクと言い，確率分布が想定不可能な事象を真の不確実性と言います。マーコヴィッツは，リスク下の資産選択において，ポートフォリオ理論を完成させました。その当時から，「一つのカゴに卵を一緒に盛るな」という格言は知られていましたが，マーコヴィッツの登場後，ファイナンス理論は高級な数理経済学となったのです。

カゴと卵の話は，ポートフォリオ理論のエッセンスをほとんどすべて伝えています。もしも石につまずいて，カゴを落としてしまった場合，卵がすべて割れてしまいます。これではリスキーなので，卵はいくつかのカゴに分散させて持ち歩きましょうというものです。

リスク下の意思決定で大きな足跡を残したのは，ゲーム理論の創始者であるジョン・フォン・ノイマンとオスカー・モルゲンシュテルンでした。彼らは効用関数を確率で加重平均する期待効用関数を考えました。

例えば，確率1/2で100万円の賞金がもらえるが，確率1/2で何ももらえないくじと，確実に50万円もらえるくじを比較して，どちらを選ぶでしょうか。

ノイマン・モルゲンシュテルン期待効用関数によれば，前者は1/2×効用（100万円）＋1/2×効用（0円），後者は効用（50万円）として定義されます。1/2×効用（100万円）＋1/2×効用（0円）＜効用（50万円）が成り立てば，危険回避的と定義されます。

マーコヴィッツは，期待効用理論を用いて，証券のリスクとリターンを個別に見るのではなく，集合体としてポートフォリオを定式化しました。重要なのは，集合体という部分です。というのも，投資対象の株式・債券銘柄は無数にあり，それらを集計してリスクとリターンのトレードオフに還元できなければ，現実問題としては使いにくいからです。

この時，重要なのが，リスクの相関です。例えば，輸出業者である自動車会社と輸入業者である石油会社の株式投資を考えます。急激な円高が進むと考えると，自動車会社の業績にはマイナスで，株価も下がるでしょう。他方，石油会社の業績にはプラスで，株価も上がるでしょう。もしも複数の自動車会社の株を持てば，投資価値が大きく下がります。正の相関関係にある株式に投資し，一つのカゴに卵を入れたからです。ここで，自動車会社と石油会社の株式に同時に投資すれば，カゴを分けることになり，リスクを分散することになります。

ポートフォリオ投資の問題をリターンとリスクに還元できれば，問題は容易です。例えば，期待収益率が10％・標準偏差が10％の株式投資と期待収益率が5％・標準偏差が15％の株式投資を比較した場合，危険回避的選好の持ち主であれば，だれもが前者を選びます。なぜならば，前者の方が，リターンが高くリスクが小さいからです。

意思決定が難しいのはリターンとリスクにトレードオフがある場合で

す。例えば，期待収益率が10％・標準偏差が15％の株式投資と期待収益率が5％・標準偏差が5％の株式投資を考えましょう。前者はハイリスク・ハイリターン投資であり，後者はローリスク・ローリターン投資です。どちらを選ぶかは危険回避度の大きさに依存します。危険回避度の小さい投資家はハイリスク・ハイリターン投資を選ぶだろうし，危険回避度の大きい投資家はローリスク・ローリターン投資を選ぶでしょう。

（3）現代的意義

　マーコヴィッツのポートフォリオ理論は，その後の金融経済の発展に大きな影響を残しました。とりわけ重要な貢献は，マーコヴィッツと一緒にノーベル経済学賞を受賞したウィリアム・シャープの資本資産価格モデル CAPM 理論です。

　シャープは，1934 年，アメリカのマサチューセッツ州で生れ，カリフォルニア大学ロサンゼルス校で博士号を取得し，スタンフォード大学の教授を務めました。彼の CAPM 理論は，リスクのない安全資産のリターンに加えて，危険分散によっても吸収できないシステマティック・リスクに対する反応度を係数 β で表します。

　β は投資家が要求するリスクプレミアムであり，リスクを引き受ける代わりのリターンの大きさを表します。CAPM 理論は，市場で過大評価されていたり，過小評価されていたりする個別銘柄の発見にも使うことも出来ます。

　実際には，CAPM 理論は投資家のリターンとリスクに関する期待が同じである等，強い仮定の上で成り立つ理論なので，β の推定には過去データが用いられます。将来のファンダメンタルズが変われば，β も変わるので，CAPM 理論にもとづいて投資することが有効かどうかは，判断が分かれるところです。

3．マイロン・S・ショールズ（Myron S. Scholes）

受賞	1997年
生まれ	1941年7月1日
国籍	アメリカ
受賞時所属先	ロングターム・キャピタル・マネージメント
受賞理由	金融派生商品（デリバティブ）価格決定への貢献

（1）生い立ち

　金融工学分野へのノーベル賞受賞ほど，ノーベル経済学賞の歴史上で論争になったことはありません。まず，金儲けの道具的な性格の強い金融工学への評価が異例でした。さらに，ノーベル経済学受賞者が関与した投資会社の経営破綻は，ノーベル経済学賞の権威を大いに傷つけました。果たして，マイロン・ショールズへのノーベル賞の授賞が正しかったのかどうか，歴史の判断を待つより他ありません。

　ショールズは，1941年，カナダのオンタリオ州で生まれました。カナダの鉱山町で，父親は歯医者，母親は小さな百貨店を経営していました。ショールズのビジネスに対するこだわりは母親譲りだったようで，16歳に母親がガンで死んだ後，ショールズ自身も店の経営に参加するようになりました。高校時代から株の取引を始め，クラブの会計係なども積極的に務めたといいます。

　1962年に，地元のマックマスター大学を卒業後，大学の恩師がシカゴ大学の卒業生だった影響から，シカゴ大学大学院に進学し，1964年，MBAを取得しました。そして，シカゴ大学の恵まれた学問環境と経済学の面白さにはまり，そのまま博士課程に進学し，マートン・ミラーに指導を仰ぎ，ファイナンスの研究で，1969年，博士号を取得しました。

マイロン・S・ショールズ
写真提供：ユニフォトプレス

1968 年に，名門 MIT ビジネススクールの助教授として採用され，幸運なことに，マートン・ミラーも MIT に移籍し，大いに研究に励みました。この時，フィッシャー・ブラックと出会い，1973 年，金融工学の基礎となるブラック・ショールズ方程式を完成させました。フィッシャー・ブラックは，1938 年に生まれ，惜しくもガンで 1995 年に死んだため，ショールズと一緒にノーベル経済学賞を受賞することはかないませんでした。このブラックの強いリーダーシップがなければ，金融工学の今日はなかったと言われています。

さて，ショールズに話を戻すと，1973 年に，母校のシカゴ大学で教職につき，1981 年に，スタンフォード大学に移籍し，ビジネスと法律を教えました。1990 年に，「金融派生証券（デリバティブ）」という金融の最先端ビジネスに興味を転じ，スタンフォード大学に籍を残したまま，ソロモン・ブラザーズに移籍し，1994 年に，投資会社ロングターム・キャピタル・マネージメントを起業しました。

1997 年に，ノーベル経済学賞を受賞した時の所属は，ロングターム・キャピタル・マネージメントでした。しかしながら，1997 年のアジア通貨危機と 1998 年のロシア財政危機によって，同社は経営が行き詰まり，ノーベル経済学賞受賞者の投資会社の破綻は，社会問題ともなりました。

（２）学問業績

　金融工学とは，数理ファイナンスと呼ばれる高度な数学的手法を用いて，資産運用やリスクマネジメントなど投資意思決定の分析のための学問です。その際，投資の対象となる商品は金融派生商品（デリバティブ）と呼ばれます。金融派生商品とは，株式や社債など本来の金融商品の価格変動のリスクをヘッジするために開発された金融商品のことです。

　主な金融派生商品取引には，「先物取引」，「スワップ取引」，「オプション取引」があります。まず，先物取引とは，将来の定められた清算日に，金融商品あるいは経済指標を売ったり買ったりする取引です。本来の取引の価値の一定部分を証拠金として支払えばよいので，価格変動の保険として利用することが可能です。例えば，現物取引と先物取引の売りと買いを同時に反対方向で行っておけば，将来の価格変動の影響を軽微に抑えることが出来ます。ちなみに，1730年に誕生した大阪の堂島米会所が，世界最初の先物市場だと言われます。

　次に，スワップ取引ですが，同じ価値の金利や通貨（キャッシュフロー）を一定期間の約束で交換する取引です。具体的には，固定金利と変動金利，円金利とドル金利をスワップすることで，その期間の金利や為替の変動リスクをヘッジすることに使われます。

　最後に，オプション取引ですが，ある資産について，将来の一定の期日において，一定の価格で取引する権利（オプション）を売買する取引です。資産を買う権利のオプションをコール，売る権利のオプションをプットと呼びます。資産が株式であれば株式オプション，金利であれば金利オプション，通貨であれば通貨オプションと言います。オプションをプレミアムと呼ばれる割増価格で買うことによって，将来の価格変動のリスクをヘッジすることが出来ます。

　オプション取引を，詳しく説明しましょう。現在1株900円のA社の

株1万株を，1ヶ月後に1株1,000円で買うコール・オプションを，1株50円の価格で証券会社から買った人は，オプションの購入費として，50万円支払います。1ヶ月後の株価が，1,300円に上がれば，オプションを行使して，1株1,000円で1万株買い，それを売れば，300万円の差益（純益は250万円）を得ます。逆に，株価が800円に下がれば，権利を行使しないで，オプション代金の50万円の損失を被ります。

「ブラック・ショールズ方程式」は，確率微分方程式と呼ばれる高等数学を用いて，オプション取引のプレミアムを計算する公式のことです。ブラック・ショールズ方程式を使えば，行使価格，期間，資産価格，資産利回り，金利，価格変動率（ボラティリティ）という市場で観察される変数を，コンピューターに入れれば，自動的に解を計算してくれます。

確率微分方程式は，日本人数学者，故・伊藤清　京都大学教授の考案した新しい数学であり，時間と共に変化する確率変数を微積分で表すためのものです。ショールズは，伊藤に初めて会った時に，握手を求めたと言われます。伊藤は，その貢献によって，社会の技術的発展と日常生活に対して優れた数学的貢献をなした研究者に贈られるガウス賞の第1回受賞者に選ばれました。

話をブラック・ショールズ方程式に戻すと，ブラック・ショールズ方程式の仮定にはいくつかの批判があります。第一に，不均衡のさや取りで利益を儲ける裁定取引はあり得ないという仮定があります。第二に，ブラック・ショールズ方程式が価格の分布が正規分布というきれいな分布に従うことを仮定していることです。以上の仮定が，現実に成り立つかどうかは分かりません。

しかし，それ以前の投資論と言えば，移動平均チャートやローソク足などを使って，過去の価格データをチャート化して，相場を読み，価格を予測する競馬の予想並みのやり方が使われていました。そう考えると，

ブラック・ショールズ方程式が投資論に与えた革命の大きさは計り知れません。

(3) 現代的意義

ブラック・ショールズ方程式は，投資を相場の売った買ったの世界から，一流大学の数学科を出た投資銀行のエリートがコンピューターを使って確率微分方程式を解く世界へと転換をもたらしました。

ショールズの勤務したソロモン・ブラザーズは，1980年代から，金融工学を使ってデリバティブの取引に応用しました。ロングターム・キャピタル・マネジメントは，ソロモン・ブラザーズの投資家だったジョン・メリウェザーによって1994年に設立されました。ショールズも経営陣に加わり，「ドリームチーム」と称されたのです。

当初の成功は目覚ましく，世界中の銀行，投資家，富豪が同社に資金を提供しました。同社の手口は，ブラック・ショールズ方程式など金融工学を駆使して，割安の債券を大量に購入し，割高の債券を大量に空売りしました。こうして同社の年間利回りは，40％を突破したと言われます。

ロングターム・キャピタル・マネジメントとショールズ達の挫折は，すぐに訪れました。1997年のアジア通貨危機と1998年のロシア財政危機が起きた時に，同社はロシアが債務不履行を起こす確率を不当に過小に見積り，新興国の債券を大量保有していた同社の資産価値はあっという間に紙くずになり，経営破綻が避けられなくなったのです。金融危機は，日本にも波及し，日本長期信用銀行，日本債券信用銀行が経営破綻しました。

金融危機は，21世紀に入っても，繰り返し発生しています。2007年のサブプライム住宅ローン危機に端を発したアメリカ住宅バブルの崩壊に

よって，2008年，リーマン・ブラザーズは約64兆円という史上最大の負債を抱えて倒産しました。リーマン・ショックは，世界金融恐慌をもたらしました。

　なぜ数理ファイナンス，金融工学と学問が発達しながら，世界は同じ過ちを繰り返すのでしょうか。それは，経済学があらかじめ確率分布を想定可能なリスクの世界だけを扱うからでしょう。過去の繰り返しだけで間に合う平常時において，確率を用いたリスク分析は十分に実用に合います。

　しかしながら，過去に経験したことがないか，確率が計算できないような稀有な事象に関しては，リスクを用いた分析はできないはずです。寺田寅彦の「天災は忘れた頃にやってくる」という諺と同じことでしょう。

　もともと，ケインズは，確率が事前には計算できないような将来の不確実性を重視し，将来の不確実性のために投資，有効需要の不足が起こり，大恐慌が起きたと考えました。要するに，ケインズ経済学と金融工学の間には，不確実性とリスクという世界観の対立が存在するわけです。

　ショールズは，2000年代にも，投機の失敗を起こし，金融工学のような学問の創設者といえども，実際の投資において賢人であるわけではないことを，身をもって証明しました。繰返しになりますが，金融工学へのノーベル賞の授与とノーベル経済学賞受賞者の引き起こした経営破綻が，ノーベル経済学賞の権威を著しき傷つけたことは，取り返しのつかない悲劇だったと言えます。

図書案内

　トービンは，金融理論をまとめた著作を出版しました。
ジェームズ・トービン，薮下史郎，蟻川靖浩，大阿久博訳（2003年）『トービン金融論』東洋経済新報社．
　マーコヴィッツの経済学を学ぶには，ポートフォリオ理論をまとめた著者が参考になります。
ハリー・M・マーコビッツ，鈴木雪夫訳（1969）『ポートフォリオ選択論―効率的な分散投資法』山一証券投資信託委託株式会社．
　ショールズ自身の著者は発売されていませんが，以下の本は日本で金融工学ブームを巻き起こすきっかけとなりました。
相田洋，茂田喜郎（2007）『NHKスペシャル　マネー革命〈第2巻〉金融工学の旗手たち』NHKライブラリー．

**学習の
ヒント**

1. トービンのファイナンス理論への貢献を，ポートフォリオ理論を中心に考えてみましょう。
2. マーコヴィッツのポートフォリオ理論をまとめてみましょう。
3. 金融工学にノーベル経済学賞を授与した功罪を考えてみましょう。

7 | 国際経済学の巨星たち
オリーン／マンデル／クルーグマン

《本章のポイント》 現代はグローバリズムの時代と呼ばれ，各国が複雑に依存し合い，自国で余る財を輸出し，不足する財を輸入しています。国際貿易論で歴史上，大きな業績を残したのは 19 世紀のイギリスの経済学者デビッド・リカードです。リカードの国際貿易論は比較優位説と呼ばれ，今日の国際経済学の教科書でも教えられる不朽の学説です。比較優位説には，経済理論の価格メカニズムの基礎づけが欠けていました。それを精緻に行ったのがオリーンなのです。それでは，マクロ経済学の国際経済学を精緻化したのは誰でしょう。それがマンデルです。マンデルは二国間の貿易や国際収支を織り込んだ開放マクロ経済学という新しいモデルを完成させました。さらに，クルーグマンは，新しい貿易論・国際経済学・地域経済学を統合して，空間経済学を作り上げました。

《キーワード》 ヘクシャー・オリーン定理，マンデル・フレミング・モデル，空間経済学

1. ベルティル・オリーン（Bertil Ohlin）

受賞	1977 年
生まれ	1899 年 4 月 23 日
死亡	1979 年 8 月 3 日
国籍	スウェーデン
受賞時所属先	ストックホルム・スクール・オブ・エコノミクス
受賞理由	国際貿易および資本移動の理論への貢献

（1）生い立ち

グンナー・ミュルダールに続いて，スウェーデンから，二人目のノーベル経済学賞に輝いたのがオリーンです。オリーンは，新古典派経済学の枠組みで，国際経済学のミクロ経済学的基礎づけとなる「ヘクシャー・オリーン定理」を証明しました。

この論文には面白いエピソードがあります。オリーンは，国際経済学に価格理論を取り込んだ研究を，イギリス最古の経済学雑誌エコノミック・ジャーナルに投稿しました。エコノミック・ジャーナ

ベルティル・オリーン
写真提供：ユニフォトプレス

ルの編集長は，大経済学者ケインズでした。ケインズからの返事は，「この論文は中身がなく掲載できない」というつれないものだったそうです。独善的なところのあったケインズの悪い部分が出たと言えましょう。いずれにせよこの業績によって，50年後に，オリーンはノーベル経済学賞を受賞したわけです。

オリーンは，1899年に，スウェーデン南の小さな町で生まれました。彼は神童と呼ばれ，次々と飛び級をし，16歳でルンド大学に入学，優秀な成績で経済学部を卒業しました。オリーンが経済学に興味を持ったのは5歳の頃に，母親の作るケーキの費用を計算してあげたことだといいます。18歳で，ストックホルム経済大学に進学しました。そこで，有名なグスタフ・カッセルの指導を受け，博士論文の執筆に取組みます。

途中，ケンブリッジ大学やハーバード大学でも研究しました。ケンブリッジでは，オースチン・ロビンソンやD・H・ロバートソンのような反ケインズ派の教授と親しく交流したようです。ちなみに，第一次世界大戦後，オリーンは，ドイツの賠償金をめぐって，ドイツの負担の軽減を主張するケインズと対立したこともありました。

　1924年に，ストックホルム経済大学から博士号を取得後，1925年から1930年まで，コペンハーゲン大学で研究し，1930年に，エリ・ヘクシャーの後任として，ストックホルム経済大学の教授になりました。1977年に，ノーベル経済学賞を受賞し，1979年に，死去しました。

　ちなみに，オリーンは，政治家としての顔も持っています。スウェーデンの国会議員を32年間務め，商務大臣も歴任し，スウェーデン自由党の党首も務めました。オリーンの娘のアンネ・ヴィブレも，自由党党首，財務大臣を務めました。

（2）学問業績

　オリーンの業績は，「ヘクシャー・オリーン定理」と呼ばれる国際経済学の素晴らしい業績です。国際経済学上の基本定理は，19世紀のイギリスの経済学者デビッド・リカードにまでさかのぼる必要があります。

　リカードの国際貿易論は，絶対優位と比較優位の議論から始まります。技術の進んだ先進国と遅れた後進国を考えましょう。一人あたりの生産量を考え，先進国は農業生産性が20，工業生産性が15とします。後進国は農業生産性が15，工業生産性が5とします。単位は農業が作物のkg，工業が機械の台数と考えます。先進国は，農業でも20＞15，工業でも15＞5で，生産性に優れているので「絶対優位」と言われます。

　しかし，先進国では，農業生産性と工業生産性の比率は20/15＝4/3です。後進国では，農業生産性と工業生産性の比率は15/5＝3/1です。

農業に関して，4/3＜3/1ですから，後進国の方が「比較優位」にあります。工業に関しては，3/4＞1/3ですから，先進国の方が「比較優位」にあります。

　この時，国際貿易の構造は，絶対優位ではなく，比較優位に従い，先進国は工業に，後進国は農業に特化した方が，世界全体の生産量が増大し，両国にとってメリットがあるというのが，リカードの比較優位説です。

　例えば，両国とも10人の労働者がいるとして，それぞれ半分の5人ずつ，農業と工業の生産に振り向ければ，先進国と後進国を合わせて，農業製品が20×5＋15×5＝175，工業製品が15×5＋5×5＝100になります。もしも先進国が農業製品の生産に2人，工業製品の生産に8人，後進国が農業製品の生産に10人全員を振り向ければ，農業製品が20×2＋15×10＝190，工業製品が15×8＋5×0＝120になります。後者の方が，農業でも，工業でも，生産量が増えます。

　比較優位説の欠点は，価格メカニズムが明示されておらず，経済学のモデルとしては弱いことです。そこで，オリーンは，比較優位説に価格メカニズムを取り込んだモデルを提示しました。これが世に名高い「ヘクシャー・オリーン定理」です。

　労働力と資本を比較して，資本が潤沢にある先進国，労働力が潤沢にある後進国を考えましょう。先進国では，資本が潤沢にあるので，資本の価格が，労働力の価格よりも低いと考えられます。そこで，先進国では，資本を沢山使う資本集約的な財の生産に有利で，その財の価格も安くなります。逆の論理で，後進国では，労働力を沢山使う労働集約的な財の生産に有利であり，その財の価格も安くなります。その結果，資本が潤沢にある先進国では資本集約財を輸出し，労働集約財を輸入します。他方で，労働力が潤沢にある後進国では，労働集約財を輸出し，資本集

約財を輸入します。

　ヘクシャー・オリーン定理は，国際経済学の標準理論となり，多くの手によってさらに発展されました。第一の発展は，「リプチンスキー定理」と呼ばれ，生産要素価格を一定として，生産要素量が変化した時の生産の変化を表したものです。労働力が増加すると，労働集約財の生産は増加するが，資本集約財の生産は減少します。逆に，資本が増加すると，資本集約財の生産は増加するが，労働集約財の生産は減少します。

　第二の発展は，「ストルパー・サミュエルソン定理」と呼ばれ，財の価格が変化した時の生産の変化を表したものです。労働集約財の価格が上昇すると，労働力の相対価格は上昇し，資本集約財の価格が上昇すると，資本の相対価格は上昇します。このように，価格と生産を扱うミクロ経済学は，一国だけでなく，二国間の問題にも有効であることを，オリーンとその後継者は示したわけです。

(3) 現代的意義

　ヘクシャー・オリーン定理に対して異を唱えたのは，1973年のノーベル経済学賞受賞者であるワシリー・レオンチェフです。1947年，レオンチェフは，資本が豊富な国であると考えられたアメリカについて，ヘクシャー・オリーン定理を検証しました。

　意外なことに，アメリカの100万ドル相当の輸出品の生産に要した労働力は平均182人，資本は255万ドルであり，一方，輸入品について労働力は170人，資本は309万ドルとなりました。資本/労働力の比率で言えば，輸出品が約14,000，輸入品が15,000となり，アメリカの輸出品は，輸入品に比べて，労働集約的という結果になったのです。

　「レオンチェフの逆説」に対しては，沢山の解釈がなされました。レオンチェフ自身は，教育や人的投資により，アメリカの労働力は諸外国の

3倍の生産効率性を持つので，アメリカは実は労働力が豊富な国なのだと考えました。

　同じ時期に，同じ研究を日本で行ったところ，当時の貧しい日本が，資本集約財を輸出しているという逆の結果が観察されました。その解釈は，日本の輸出は発展途上国に限られ，相対的に資本豊富国だというものでした。

　ヘクシャー・オリーン定理には，他にも問題をはらんでいます。彼らの理論は，二国の生産関数が同一で，完全雇用と完全競争が仮定されています。こうした仮定を少し緩めると，ヘクシャー・オリーン定理は成り立たず，レオンチェフの逆説も消えてしまいます。

　もう一つの論点は，資本が豊富な国は資本集約財の生産に特化し，労働力が豊富な国は労働集約的な財の生産に特化するという結論が，産業構造として，望ましいのかどうかです。もしも労働力に，量だけでなく，質も考慮に入れるならば，労働力の量に劣る国は教育に力を入れて，質の向上に努めるべきという意見もありえます。

　また，日本が資本集約的な国だとして，日本は工業国として生き残るべきで，農業を切り捨てて良いものかどうかは，政治的なカントリー・リスクとあわせて考えるべき問題です。

2．ロバート・A・マンデル（Robert A. Mundell）

受賞	1999 年
生まれ	1932 年 10 月 24 日
国籍	カナダ
受賞時所属先	コロンビア大学
受賞理由	通貨体制の金融・財政政策，最適通貨圏への貢献

ロバート・A・マンデル
写真提供：ユニフォトプレス

（1）生い立ち

マンデルは，国際貿易・国際金融を扱う開放マクロ経済学モデル，いわゆる「マンデル・フレミング・モデル」によって有名です。また，国際通貨の研究で，「最適通貨圏」の父とも呼ばれます。

マンデルは，1932年に，カナダのオンタリオ州で生まれました。カナダのブリティッシュ・コロンビア大学を卒業後，アメリカのワシントン大学で学び，名門MITで，1956年に，博士号を取得しました。

その後，スタンフォード大学とジョン・ホプキンズ大学で教えたり，IMFで勤務したりしました。1965年に，シカゴ大学教授となった後，1972年に，カナダのウォータールー大学へ移籍しています。そして，1974年に，コロンビア大学教授に就任し，1999年に，ノーベル経済学賞を受賞しました。

その間，国連，世界銀行，IMFなど非常に多数の国際機関のアドバイザーを務めています。どういうわけか，ノーベル財団の伝記も素っ気のない記述で，人柄をうかがわせるエピソードはありません。

（2）学問業績

ケインズ経済学は，貿易の存在しない一国の閉鎖経済モデルです。しかしながら，現代経済では，貿易を通じて，複数の国の経済が密接に相

互依存しています。マンデル・フレミング・モデルでは，ケインズのマクロ経済学を発展させて，ヒト・モノの移動を記録した経常収支とカネの移動を記録した資本収支を合計した国際収支が常にゼロになる方程式を加え，開放経済を扱っています。

　自国通貨と外国通貨の交換価格を為替相場と言いますが，為替相場の決定メカニズムには「固定相場制」と「変動相場制」の二つがあります。

　まず，固定相場制から始めてみましょう。為替相場が一定水準に固定される固定相場制の下で，財政・金融政策の有効性はあるのでしょうか。

【固定相場制の財政政策の効果】
① 政府支出が有効需要を増大させ，貨幣需要が増大します。
② 国内利子率が上昇し，国内利子率が国際利子率を上回ると，資本が国内に流入し，自国通貨の需要が増大します。
③ 固定相場の需給ギャップを解消し，相場を守るために，政府はマネーサプライを増やします。
④ 利子率が元の水準に下落し，生産が増えます。
⑤ したがって，固定相場制の財政政策は効果を持ちます。

【固定相場制の金融政策の効果】
① 政府が貨幣供給量を増加させます。
② 国内利子率が下落し，国内利子率が国際利子率を下回ると，資本が国外に流出し，自国通貨の需要が減少します。
③ 固定相場の需給ギャップを解消し，相場を守るために，政府はマネーサプライを減らします。
④ 利子率が元の水準に上がり，生産は増えません。
⑤ したがって，固定相場制の金融政策は効果を持ちません。

続いて，為替相場が変動し，通貨の需給を調整する変動相場制の下で，財政・金融政策の有効性はあるのでしょうか。

【変動相場制の財政政策の効果】
① 政府支出が需要を増大させ，貨幣需要が増大します。
② 国内利子率が上昇し，国内利子率が国際利子率を上回ると，資本が国内に流入します。
③ 自国通貨の需要が増大し，為替相場が上がり，円高になります。
④ 輸出が減り，需要が減少し，生産が元の水準に戻ります。
⑤ したがって，変動相場制の財政政策は効果を持ちません。

【変動相場制の金融政策の効果】
① 政府が貨幣供給量を増加させ，国内利子率が下落します。
② 国内利子率が国際利子率を下回ると，資本が国外に流出します。
③ 自国通貨の需要が減少し，為替相場が下がり，円安になります。
④ 輸出が増え，需要が増大し，生産が増大します。
⑤ したがって，変動相場制の金融政策は効果を持ちます。

このように，マンデル・フレミング・モデルによると，固定相場制と変動相場制との間では，財政・金融政策の効果が異なるわけです。ここの主張をもう少し敷衍(ふえん)すると，資本の移動と為替の安定性と裁量的な金融政策の三つが同時に成り立つことはなく，どれか一つを諦めなければならないのです

今の日本は，資本移動と裁量的金融政策を認めていますが，為替の安定性は守れません。今の中国は，為替の安定性と裁量的金融政策を認めていますが，資本の自由な移動は認めていません。今のEUは，資本の

移動と域内の為替安定性を認めていますが，各国の裁量的な金融政策は認めていません。

　第二次世界大戦後，資本主義陣営は，「ブレトンウッズ体制」と呼ばれる金1オンス＝35米ドル（1米ドル＝360円）という固定相場制を採用しました。資本移動を認めた固定相場制は，裁量的な金融政策の放棄を意味し，各国政府は財政政策に頼らざるを得ませんでした。その結果，各国とも財政赤字に悩まされるようになり，国際流動性の提供者であるアメリカが，米ドルの価値を保つことができなくなった時，固定相場制度は崩壊し，1973年に変動相場制へ移行を余儀なくされました。

（3）現代的意義

　マンデルには，もう一つの大きな業績があります。「最適通貨圏」と呼ばれ，通貨の統合によって，通貨決済の取引費用を最小化し，為替相場の変動に伴う混乱を避けるというものです。

　複数の国の間で，単一の共通通貨に統合することが適している地域的範囲を「最適通貨圏」と呼びます。マンデル・フレミング・モデルによれば，資本の移動と為替の安定性と裁量的な金融政策のどれか一つを犠牲にせざるを得ません。最適通貨圏では，通貨統合によって，各国の最適な金融政策を諦めます。

　基礎的な経済条件が各国で異なったり，外生的なショックが各国で異なったりする場合，為替相場の変動によって，各国間の不均衡を調整できなくなるので，最適通貨圏では，為替相場の変動以外による調整が求められます。具体的に，どのような手段があるのでしょうか。一つは貿易（モノの交易）が進むこと，もう一つは労働力移動（ヒトの交易）が進むことが考えられます。

　外生的ショックが発生し，ある国である財の需要が増え，別の国から

の輸入が増えることを考えましょう．例として，天候不順で不作のため，米の需要が増えるとします．需要が増える国では，米の価格が上昇しますが，輸入によって，価格騰貴は安定化に向かいます．また，需要増加によって，米の労働需要が増加し，労働力が移動すれば，生産が拡大し，財の需給超過は解消します．このように，貿易や労働力の移動によって，為替相場の変動がなくても，外生的なショックを吸収することはできるのです．

　2002年に誕生したEUの統合通貨の誕生に，マンデルは大きな影響を与え，「ユーロの父」とも言われています．2007年以降，アメリカで発生したリーマン・ショック，ヨーロッパのギリシャ・イタリアの財政危機により，為替相場の変動が大きく，大きな不安定要因となっています．マンデルは，リーマン・ショック後，アメリカが採用した金融政策を誤りであると考えました．十分な金融緩和が行われなかったために，ドルがユーロに対して暴騰し，ドル不足が発生し，アメリカの不況がヨーロッパに波及したからです．その後，慌てて，アメリカは数次の金融緩和を余儀なくされました．マンデルは，アメリカとヨーロッパの間で，為替のターゲットゾーンを設けるべきだと考えました．為替相場が固定されれば，物価の乱高下を避けることができ，基礎的な経済条件に即した安定的な経済活動に戻ることができるからです．

3．ポール・クルーグマン（Paul Krugman）

受賞	2008年
生まれ	1953年2月28日
国籍	アメリカ
受賞時所属先	プリンストン大学
受賞理由	貿易パターンと経済活動の立地の分析への貢献

（1）生い立ち

2008年，ノーベル経済学賞がクルーグマンに授与されると発表された時，世間はその若さに驚き，リーマン・ショックとの関連性が揶揄されました。さらに，専門家を驚かせたことは，クルーグマンの受賞が単独受賞だったことです。国際貿易理論に関して言えば，クルーグマンの他に，エルヘイナン・ヘルプマンとの共同受賞が有望視されていましたし，経済地理学の研究に関しては，藤田昌久との共同受賞がありえたのではないでしょうか。

ポール・クルーグマン
写真提供：ユニフォトプレス

クルーグマンの名前は有名ですが，生い立ちは意外に知られていません。ノーベル財団の自伝でも，本人からの詳細な情報提供はなく，そこに書かれていることは，クルーグマンがプリンストン大学，LSE，そしてニューヨーク・タイムズの共同編集者の肩書きを持ち，20冊の本と200本の論文を出版したことだけです。

クルーグマンは，1953年に，アメリカのニューヨーク州で生れました。1974年イェール大学卒業，1977年MITで博士号を取得した後，イェール大学，MIT，スタンフォード大学，再びMIT，プリンストン大学，そして現在はニューヨーク市立大学で教鞭をとっています。

多くのアメリカの経済学者のように，クルーグマンは，アメリカの一流大学を渡り歩いていますが，途中のスタンフォード大学でのキャリア

は，現在の妻であるロビン・ウェルスを追いかけたためとのことです。

　クルーグマンはリベラルな印象を受けますが，1982年から1年間，意外にも，共和党のレーガン政権で経済諮問委員会委員を務めました。2000年から，ニューヨーク・タイムズのコラムニストとしても，腕を振るいました。

（2）学問業績

　クルーグマンは，藤田昌久などと並んで，「空間経済学」の構築に励んできました。空間経済学は，都市や産業の集積形成をミクロ経済学的に分析し，都市経済学・地域経済学・国際経済学として別々に発達してきた地理的空間の経済学を総合する学問です。

　都市や産業の集積力の発生メカニズムには，「前方連関効果」と「後方連関効果」の相互作用があります。前方連関効果とは，ある都市に産業の集積が発生し，多様な消費財の供給が行われると，消費者の多様性への選好によって，実質所得の上昇が見られ，ますます多くの消費者が都市に集積することです。

　後方連関効果とは，多くの労働者が都市に集積すると，規模の経済性が作用し，多くの企業立地を促し，多様な消費財の供給が進むことです。つまり，個々の企業レベルの規模の経済性が，循環的連関効果を通じて，都市レベルでの収穫逓増に転換され，集積力を生み出します。

　歴史的に見れば，貿易理論では，19世紀にイギリスのデビッド・リカードの比較優位説が有名であり，技術の比較優位で貿易パターンが決まるとされました。20世紀には，スウェーデンのオリーンが，生産要素の賦存量で貿易パターンが生まれると論じました。この両者に言えることは，ある国は工業国に，別の国は農業国に特化することです。

　しかし，近年，これらの伝統的貿易理論は，あまり現実を説明できな

くなっています。先進国内では，似たような財の生産を行い，お互いに輸入と輸出を行うのです。例えば，アメリカは世界最大の自動車の輸出国であり，輸入国でもあります。こうした貿易パターンを，クルーグマンは収穫逓増の原理を用いて説明しました。

　クルーグマンの論文が出たのは，1979年のことです。クルーグマンの論文が世に出るまでには，さまざまな軋轢があったようです。伝統的な経済学は，収穫逓減を仮定しており，クルーグマンの収穫逓増は学界から拒否されたのです。ノーベル経済学賞を若くして受賞したクルーグマンが，自分の論文を学術雑誌から出版するのに苦労したのは，クルーグマンの経済学がいかに革新的だったのかをうかがわせます。

　クルーグマンの貿易理論の柱は，もう一つあります。それは消費者の多様性への選好です。多様性選好とは，財やサービスの種類が増えれば増えるほど，消費者の効用が上がるというものであり，スティグリッツ達が発展させた独占的競争モデルを用いて表します。企業側には，規模の経済性があるので，一つのブランドの生産に特化した方が，費用が下がります。そこで，同じ自動車をとっても，ある国の自動車会社は高級車に特化し，別の国の自動車会社は大衆車に特化することが起こります。

　クルーグマンは，財・サービスの移動のみならず，人や資本の移動にも焦点を当てます。一つの国の方が，もう一つの国よりも，人口が多いと考えましょう。人口が多い国の方が，実質賃金率が高くなります。その理由は次の通りです。人口が多い国の企業の方が，規模の経済性を発揮し，安い費用で沢山の財を生産できます。そのため，人口が多い国で，消費者効用は高まるので，消費者＝労働者は，人口の多い国へ移動します。その結果，人口の多い国では，実質賃金と財の供給が上昇し，一層の人口移動を引き起こします。こうして，収穫逓増が，一方の集積と他方の離散という「ポジティブ・フィードバック」を引き起こすのです。

(3) 現代的意義

　クルーグマンはコラムニストとして有名で，彼の話題や放言を取り上げていては切りがありません。しかし，クルーグマンが1994年に発表した「アジアの奇跡という幻想」（『良い経済学　悪い経済学』所収）は，日本の政策論争にも大きな影響を与えました。

　1990年代，NIESと呼ばれる東アジアの高度経済成長が見られました。なぜ日本に続き，韓国，シンガポール，香港のような東アジアが高度経済成長を遂げることができたのでしょうか。そして，それらの経済成長は永続的に続くのでしょうか。

　クルーグマンは，この問題に対して，次のように断じました。東アジアの成長は，技術革新による生産性の上昇によるものではなく，単なる資本と労働という生産要素の増大によるものであり，いずれそれらの成長は鈍化する。

　実際に，東アジア経済の生産性の成長率は低く，経済成長率が年あたり10％近かったシンガポールではマイナスでしたが，その間の資本と労働の蓄積の伸びは非常に大きいものでした。生産性が伸びていないということは，著しく増えた資本と労働の有効利用が十分ではないことを意味するのかもしれません。政治主導で経済成長を推し進めたアジアでは，低い生産性の成長率と高度成長というトレードオフが観察されました。

　クルーグマンの予想を裏づけるように，1997年にアジアの通貨危機が起こり，アジアの経済成長は鈍化しました。アジアの通貨危機とクルーグマンの論点が一致していたわけではありませんが，クルーグマンは大いに男を上げました。

図書案内

　残念ながら，日本語で読めるオリーンの著作はないようです。
　マンデルの著作は日本語でも購入可能で，1999年のノーベル経済学賞受賞後は多くの翻訳が出ました。

ロバート・マンデル，柴田裕訳（1976）『国際経済の貨幣的分析』東洋経済新報社．
ロバート・マンデル，竹村健一訳（2000）『マンデルの経済学入門』ダイヤモンド社．
　クルーグマンの著作も，教科書・一般書ともに，たくさん翻訳されています。
ポール・クルーグマン，山形浩生訳（1998）『クルーグマン教授の経済入門』メディアワークス．
ポール・クルーグマン，山岡洋一訳（1997）『クルーグマンの良い経済学悪い経済学』日本経済新聞社．

学習のヒント
1．ヘクシャー・オリーンの定理をまとめてみましょう。
2．マンデル・フレミング・モデルをまとめてみましょう。
3．クルーグマンの空間経済学をまとめてみましょう。

8 情報経済学の説明する力
アカロフ／スティグリッツ／ティロール

《本章のポイント》 完全競争と完全情報を仮定する伝統的経済学は，どの程度現実に適用できるのでしょうか。高度に数理化が進んだ現代経済学で，こうした素朴な問いかけはなかなか受け入れられませんでした。ある意味で経済学者は裸の王様になっていたのかもしれません。しかし，ゲーム理論が登場して，生き生きとしたプレーヤー間の戦略的相互依存性を記述できるようになりました。アカロフのレモンに代表される情報の非対称性問題は，伝統的経済学では分析できなかったような市場の失敗を明らかにしました。アカロフの親しい友人のスティグリッツも，情報の不完全性に着目し，情報を持つ人と情報を持たない人の間の市場均衡を発展させました。そして，ティロールは，情報の非対称性を契約理論と呼ばれる学問分野にまとめ上げました。

《キーワード》 アカロフのレモン，アドバース・セレクション，モラル・ハザード

1．ジョージ・A・アカロフ（George A. Akerlof）

受賞	2001 年
生まれ	1940 年 6 月 17 日
国籍	アメリカ
受賞時所属先	UC バークレー校
受賞理由	情報非対称性のある市場の分析への貢献

(1) 生い立ち

アカロフは，同じ年にノーベル経済学賞を受賞したヨゼフ・スティグリッツと同じく，第二世代のアメリカ・ケインジアンです。彼らは，完全情報・完全競争モデルに満足せずに，合理的期待仮説とは異なる擬似合理性にもとづいて不完全雇用の問題に取組みました。もっとも，今回のノーベル賞の直接な受賞理由となったのはマクロ経済学ではなく，情報の非対称性に関するミクロ経済学の研究で，アカロフの最初期の研究に対してです。

ジョージ・A・アカロフ
写真提供：ユニフォトプレス

アカロフは，1940年に，アメリカのコネチカット州で生れました。父親はスウェーデン出身の化学者であり，母親も学者一家の出身でした。幼少の頃，父親は仕事を失った時期があり，家計的に苦労したこともあったようです。それがきっかけで，アカロフは，ケインジアン寄りの経済学者になりました。

アカロフの幼少期の夢は，弁護士になることでしたが，名門イェール大学では，数学と経済学に夢中になりました。もっとも，時間を費やしたのは大学新聞の編集でした。アカロフは，一般向けの寄稿に熱心であり，また，彼の社会学的興味もうかがわれます。

1962年に，イェール大学を卒業後，経済成長理論のソローがいるMITの大学院に進学し，終生のライバルで友人のスティグリッツに出会いま

す。その当時の MIT では，大学院生のほとんどが経済成長理論に取組んでいましたが，アカロフは，不完備市場と呼ばれるような問題にも興味を持ち，両方を結び合わせるような研究に取り組みました。

　1966 年に，MIT で博士号を取得後，アカロフは，一転，西海岸の名門 UC バークレー校で教職に就きます。そこで，情報の非対称性が引き起こす諸問題を本格的に論じたレモンの論文を書きます。レモンとは，情報の非対称性のために一見すると故障が分からないような中古車のことです。1967 年から 1 年間，アカロフはインドに赴任し，貧困と発展の問題に取り組みました。そこで，アカロフが一番興味を持ったのは，カースト制度でした。カーストのような社会制度が，貧困や失業のような経済問題と不可分な関係にあることを学びました。

　意外なことに，ノーベル賞の受賞理由になったレモン論文は，学術ジャーナルから，「取るに足らない問題」として，2，3度の掲載拒否にあったと言います。アカロフは，インドでレモン論文の改訂を行いました。丁度，その頃，スティグリッツもアフリカのケニアに出かけており，発展途上国での体験がお互いのその後の研究キャリアに大きな影響を与えたのではないかと，アカロフは述べています。

　1997 年に，妻のイェレン・ジャネットが，クリントン政権の経済諮問会議の委員長に任命されたこともあり，アカロフも，バークレーとワシントンと行き来する慌ただしい生活を送りました。そうして，2001 年，ノーベル経済学賞を授与されました。

（2）学問業績

　ゲーム理論が経済学の中で積極的に活用されるようになると，ミクロ経済学の問題意識そのものも，従来の完全競争や独占の分析から，不確実性や不完全情報が経済主体の意思決定や市場メカニズムの資源配分に

どのような影響を及ぼすかへと，変化するようになりました。

　ある経済主体がゲームの構造に関して完全な情報を持っていないのに，別の経済主体が情報を持っていることを，情報の非対称性と言います。特に，ある経済主体の行動に関する情報が非対称である場合を「モラル・ハザード」，ある経済主体のタイプに関する情報が非対称である場合を「アドバース・セレクション」と言います。

　モラル・ハザードは，保険に入ることにより，かえって事故確率が上昇してしまうような事象に関連しています。もう少し詳しく説明すると，情報の非対称性のために，プリンシパル（依頼人）がエージェント（代理人）の行動を観察できず，起こり得る結果のすべてについて責任を負わせることができなくなり，エージェントが機会主義的行動を通じてプリンシパルに損害を与えるのです。

　具体例として，自動車保険市場を挙げることができます。被保険者（エージェント）は自動車を運転する時の自動車事故の危険を分散化するために，保険会社（プリンシパル）に保険料を支払い，自動車保険を購入します。この結果，事故が起こった際の賠償責任を保険会社に転嫁できるために，意図的あるいは非意図的を問わず，注意が散漫になり，事故率が上昇してしまいます。

　なぜならば，保険会社は情報の非対称性のために，事故が偶然に起こったのか，被保険者の不注意のために起こったのかを完全に識別することはできないからです。取引費用経済学の見地から見ると，モラル・ハザードは，すべての起こり得る事柄に対して，条項を結ぶことの取引費用が大きかったり，保険契約の違反行為を完全に観察することの費用が大きかったりするために，発生する現象なのです。

　次に，アドバース・セレクションは，保険に喜んで入ろうとするのはリスクの高いタイプなので，保険市場はリスクの高い人が集中し，リス

クの低い人は保険市場から退出するようになり，結果的に保険市場が成り立たなくなるような現象に関連しています。もう少し詳しく説明すると，プリンシパルがエージェントのタイプを識別できず，異なるタイプのエージェントに等しい内容・条件の契約を提示してしまうために，良質のタイプが契約を結ぶことを拒否し，悪質のタイプのみが契約を結びたがる結果，契約が成り立たなくなるのです。

（3）現代的意義

それでは，アカロフの理論に則して，情報の経済学を解説しましょう。アメリカでは，良質の中古自動車を「ライム」，悪質の中古自動車を「レモン」と言います。中古自動車の売り手はそれがレモンかライムかをあらかじめ知っているが，買い手は売買契約の成立する段階で，それらを識別できません。そのために中古自動車の市場価格は，中古自動車の平均的品質によって決まります。中古自動車の売り手は自動車の品質を正しく知っているので，平均的品質よりも劣ったタイプの売り手しか自動車を売りたがらなくなります。買い手はそのことを知っているので，誰も中古自動車を買おうとはしなくなり，中古自動車の売買は成立しなくなります。アドバース・セレクションを回避する方法としては，良質のタイプが自らのタイプの情報を送るシグナリングや，良質は良質，悪質は悪質と異なる契約を選ばせる自己選抜契約があります。

アカロフのレモンを数字で説明しましょう。市場には，高品質の中古車と低品質の中古車が，それぞれ半々の割合で存在しているとします。財の品質を熟知している売り手は，高品質は200万円，低品質は100万円の価値があると仮定します。他方で，買い手にとっては，売られている中古自動車の品質が分からないために，確率50％で中古車は高品質，確率50％で中古車は低品質と考えるとします。そのため，買い手にとっ

ての中古車の価値は、平均値の 150 万円となります。

その結果、高品質の中古車の売り手は、中古車を 200 万円市場で売り出すことを諦め、市場では 100 万円の低品質の中古車だけが売りに出されることになります。これがアカロフのレモンが描き出したアドバース・セレクションです。

2. ヨゼフ・E・スティグリッツ（Joseph E. Stiglitz）

受賞　　　　　2001 年
生まれ　　　　1943 年 2 月 9 日
国籍　　　　　アメリカ
受賞時所属先　コロンビア大学
受賞理由　　　情報非対称性のある市場の分析への貢献

(1) 生い立ち

スティグリッツは、恐らく現役で活躍する経済学者の中では、研究業績・公的活躍・知名度の総合力で言えば、ナンバーワンの経済学者でしょう。スティグリッツは、アメリカのインディアナ州で生まれました。ゲーリーという町は、万能経済学者ポール・サミュエルソンの生まれた町でもあります。特級のノーベル賞経済学者を二人も輩出した小さな町は珍しいでしょう。サミュエルソンがスティグリッツの推薦状を書いた時、「ゲーリーが生んだナンバーワンの経済学者」と書かれていたと言います。

スティグリッツはアマースト大学で学び、卒業証書をもらう前に、大学院生として MIT に進学しました。そこでは、4 名のノーベル賞経済学者と、ノーベル経済学賞を同時受賞することになるジョージ・アカロフがいました。さらに、1965 年から 1 年間、イギリスのケンブリッジ大

ヨゼフ・E・スティグリッツ
写真提供：ユニフォトプレス

学で，フルブライト奨学生として過ごしています。

　この頃の面白いエピソードが二つあります。一つは大学院生の頃，シカゴ大学教授だった宇澤弘文の発案で，全米の優秀な大学院生がシカゴ近郊に集められ，その当時の最大のトピックだった経済成長論をめぐって，侃々諤々(かんかんがくがく)の議論を繰り広げたことです。スティグリッツは，宇澤のことを非常に尊敬しており，昼は学問，夜はビールの毎日を懐かしんでいます。

　もう一つは，ケンブリッジ時代，スティグリッツの受入教授は，左派ケインジアンのジョーン・ロビンソンでした。ここで，両者は一歩も引かない議論を繰り広げ，とうとう受入教授がジョーン・ロビンソンからフランク・ハーンに変更になったと言います。

　その後は MIT，イェール大学，プリンストン大学，スタンフォード大学で教え，2001 年から，コロンビア大学で教鞭をとっています。コロンビア大学に移籍した 2001 年に，ノーベル経済学賞を授与されました。スティグリッツの最大の貢献は，情報の非対称性が存在する時に，市場の失敗が起きることをクリアにモデル化し，それに伴った政府の役割も論じたことです。のみならず，スティグリッツが考案した独占的競争モデルは，その後の産業組織論や空間経済学でなくてはならない理論ツールとなりました。

その他，スティグリッツの社会的活躍は幅広く，数え上げたらきりがありません。クリントン政権では，1995年から，経済諮問委員会委員長を務め，再選されたクリントン大統領には慰留されたものの，その後は，世界銀行で上級副総裁に転じました。

　7年間のワシントンDC時代で，スティグリッツは，政府の役割には限界があるものの，依然として政府が重要であることを説く第三の道を提唱しました。結果として，ワシントン・コンセンサスとも言われる新自由主義陣営と激しく対立し，IMF批判に端を発し，アメリカ財務省の横やりもあり，世界銀行を辞しました。その後も，正義感から出るスティグリッツのリベラルな舌鋒は止まりません。

(2) 学問業績

　スティグリッツの研究業績は，ミクロ経済学からマクロ経済学まで幅広く，どれを代表作として良いものか難しいものです。特に選ばれたノーベル賞授賞理由が，情報の経済学です。

　スティグリッツは，1976年の共著論文の中で，保険市場のアドバース・セレクションを取扱い，その後の情報経済学のひな形となる自己選抜モデルを完成させました。ここでは，自動車保険に入る消費者を考えてみましょう。消費者には一つだけ違いがあり，自動車事故を起こす確率が異なります。なお，事故を起こした時の損失はいずれも等しいと仮定しましょう。保険会社にとって，ハイクオリティの消費者とは事故確率が低い消費者，ロークオリティの消費者とは事故確率が高い消費者を表します。

　この時，保険市場の均衡には2種類あります。一つは「一括均衡」と呼ばれるもので，ハイクオリティの消費者もロークオリティの消費者も同じ保険料で同じ保険金額を受け取ることです。しかし，スティグリッ

ツは，この均衡が存在しないことを証明しました。その理由ですが，ロークオリティの消費者にとって不利であるものの，ハイクオリティの消費者にとって有利な保険商品を，保険会社が販売し，美味しいとこ取りをするクリームスキミングを逸することになるからです。

唯一の可能な均衡は「分離均衡」となります。分離均衡では，保険会社はハイクオリティの消費者には低い保険料で，事故損害の一部しか保障しない保険商品を提供し，ロークオリティの消費者には高い保険料で，事故損害の全部を保障する保険商品を提供します。

ハイクオリティの消費者は，ハイクオリティ向けの保険のみ欲し，ロークオリティ向けの保険を欲しません。同様に，ロークオリティの消費者は，ロークオリティ向けの保険のみ欲し，ハイクオリティ向けの保険を欲しません。これを「誘因両立条件」と呼びます。保険会社の競争を考えると，上記の分離均衡は，もはやパレート最適にはならないものの，誘因両立条件の制約の中では，最も社会厚生が高い均衡となっています。

(3) 現代的意義

スティグリッツは歯に衣着せぬ発言で論壇でも有名です。とりわけ，有名になったのは，『世界を不幸にしたグローバリズムの正体』（2002年）という本の中で，「ワシントン・コンセンサス」と呼ばれる新自由主義を徹底的に批判したことでしょう。

ワシントン・コンセンサスとは，ワシントンDCの研究所のある研究者が，1989年に発表したIMFの途上国向け累積債務の基本政策10箇条のことです。

- 財政赤字の是正
- 補助金カットなど財政支出の変更

- 税制改革
- 金利の自由化
- 競争力ある為替レート
- 貿易の自由化
- 直接投資の受け入れ促進
- 国営企業の民営化
- 規制緩和
- 所有権法の確立

　きわめてオーソドックスな自由主義的経済学の考え方です。しかしながら，ワシントン・コンセンサスによってIMFが推し進めた資本自由化は，結局，アメリカの金融業界の食い物になり，発展途上国側にとって，本来の利益にはならなかったというのが，スティグリッツの主張です。

　スティグリッツによれば，世界の65億の人口のうち，およそ40％が貧困状態にあり，およそ14％が極貧状態におかれています。こうした貧困の広がりはグローバリゼーションの結果でもあります。グローバリゼーションで，世界が一つに統合されていくと，国境を越えて，財やサービスのみならず，人や資本が自由に動くことになります。

　グローバリゼーションは，本来，先進国と発展途上国の双方に利益をもたらすはずのものですが，ゲームの支配者（アメリカの金融業界とその利益代弁者であるIMFを指す）が，発展途上国に対して，アンフェアにふるまってしまったために，これらの国のほとんどで失業率が上昇し，先進国と途上国の格差が増大したのだと言います。

　さらに，先進諸国の国内の貧富の格差も広がりました。例えば，今のアメリカでは上位1％の富裕層が，所得全体の4分の1を稼ぎ，富の40％を占めます。25年前は，これが12％と33％でしたから，格差は大

きく広がりました。

　ワシントン・コンセンサスの根本にあるのは，貿易・資本自由化と民営化・規制緩和のような市場原理主義への信奉だと言います。本当は，政府の役割と市場の役割のバランスこそ重要であり，とりわけ貧困層に対するセーフティネットの整備が重要だと，スティグリッツは説きます。

　スティグリッツはとても変わった経済学者です。母国アメリカを舌鋒鋭く批判し，2011年秋のウォールストリートの抗議デモにも賛同の意を表します。もともと，この抗議デモは，スティグリッツの論文に端を発するという説もあります。

　オバマ大統領の「チェンジ」に期待して投票した人々は変化の遅さに失望し，金融危機や失業の経済問題を引き起こした人々が政権入りしたことに不満や怒りを抱いています。大銀行は金融危機を招き，政府に救済されました。それなのに，住宅の不法差し押さえを続け，経営陣は高額の報酬を受け取ります。

　デモの背景には不平等や格差拡大があります。競争による格差拡大は仕方ないとの声がありますが，それは公正な制度の下で，新たな価値を生み出して富を築くことが前提であり，少数の金持ちが他をおとしめる形で富を膨らませるのは，本当の競争ではありません。最近の調査では，アメリカ国民の半数近くは自国の経済制度がフェアでないと感じています。努力する者が報われる「希望の大陸」のイメージは崩れたのです。キーワードは，フェアネスです。上位1％の，1％による，1％のための政治を見直す必要があると，スティグリッツは語るのです。

3．ジャン・ティロール（Jean Tirole）

受賞　　　　2014年
生まれ　　　1953年8月9日

国籍　　　　　　フランス
受賞時所属先　　トゥールーズ第一大学
受賞理由　　　　市場支配力と規制の分析への貢献

(1) 生い立ち

　ティロールは，1953年に，フランスに生まれました。1976年に，エコール・ポリテクニックで工学士の資格を取得し，その後フランスの大学・研究機関で勉強した後，1981年に，米国MITにおいて経済学博士を取得しました。1984年から1992年まで，母校MITで准教授・教授，1994年から1996年まで，母校のエコール・ポリテクニックに勤務した後，現在は，トゥールーズ経済大学のジャン・ジャック・ラフォン財団代表を務めています。また，2013年に，一橋大学から名誉博士号を授与されています。

　ティロールの主要な業績は，ゲーム理論・情報経済学を産業組織論に適用したことであり，とりわけ，ジャン・ジャック・ラフォンとの共同研究は世界的に高く評価されていました。残念ながら，ラフォンは2004年に亡くなりましたが，もしも存命であれば，共同受賞したことでしょう。

　1988年に出版されたティロールの『産業組織論』は，全11章からなる476頁の大著で，「ティロールのIO」と大学院生・研究者から称せられ，長い間，必読の書となりました。分かりやすい例で，伝統的ミクロ経済学と新しい産業組織論の違いを説明すると，伝統的ミクロ経済学は，収穫逓減的技術を持つ多数の企業の完全競争理論と収穫逓増的技術を持つ独占企業理論しか存在せず，その中間領域がありませんでした。

　完全競争では，個々の企業の影響力は実質的にゼロであり，独占では，一企業が産業供給のすべてをまかなうので，複数の企業間の戦略的な相

ジャン・ティロール
写真提供：ユニフォトプレス

互依存関係が存在しないという意味では両者は同じ欠点を持っています。現代資本主義において，経済は高度に寡占化されており，市場では寡占企業によって激しいシェア争いが繰り広げられています。したがって，伝統的ミクロ経済学は，寡占市場を有効に分析する手だてを持っていなかったわけです。

（2）学問業績

ティロールは，新しい産業組織論の流れを受けて，新しい規制理論を作り上げました。ラフォンとの共著である 1993 年の『調達と規制のインセンティブ理論』は，その集大成ともいうべき大著です。伝統的に，公的規制は「費用積み上げ」と呼ばれる方式で行われてきました。伝統的規制の問題点は，経済的な非効率性を招き，規制の失敗が発生することでした。

そこで，近年では，企業にある程度の裁量権を与えて，望ましい経済的成果を達成しようという規制方式が採用されています。それが，「インセンティブ規制」です。代表的なインセンティブ規制として，価格上限の範囲内で柔軟な価格設定を認める「プライス・キャップ規制」，他の企業の指標を物差しとして間接的な競争を作り出す「ヤードスティック規制」が実際の政策に導入されています。

ティロールは，新しい規制方式であるインセンティブ規制に理論的根

拠を与えました。彼らの理論は，ベイズ確率論を用いるので，ベイズ型と呼ばれますが，ベイズ型モデルの特徴は，情報の不完全性のために発生する機会主義的な行動を防ぐために，最適なインセンティブ規制契約を作り，企業情報を自発的に開示させるように誘導します。政府は，規制企業の情報を持っていないので，企業は費用削減努力を怠り非効率的経営を行ったり（モラル・ハザード），虚偽の情報を申告して余剰レントを得ようとしたりします（アドバース・セレクション）。

そこで，政府は，企業の技術や効率化の情報を持っていること前提として規制を敷くのではなく，アメとムチを組み合わせたメニューを提示し，その中から企業に最も望ましい組み合わせを選ばせます。そして，企業のメニューの自己選抜を通じて，政府は企業の技術や効率化を知るわけです。

（3）現代的意義

巨大電話会社の市場支配力をコントロールするのが，20世紀的な産業組織論の課題だとしたら，21世紀の課題は，Googleのような世界企業の市場支配力をコントロールすることでしょう。

Googleは，インターネットのサイト上の情報を検索する時に世界中の人から最も利用されている検索エンジンであり，その検索エンジンを提供するアメリカ・カリフォルニア州のソフトウェア会社です。Googleのビジネス・モデルは，一方で，無料サービスでユーザを自社サイトに集めておいて，他方で，検索連動型広告で企業に課金するというものです。Googleのビジネス・モデルの成功の鍵は，ネットワーク効果。企業がなぜGoogleのサイト上で広告を出したがるのかというと，多くのユーザがGoogleのサイトを見るからです。

ティロールは，ジャン・ロシェと共同で，Googleのビジネス・モデル

を説明する「両面市場モデル」を考案しました。その鍵は，二つの異なる市場を対象に，ネットワーク効果をテコにして，双方からの利益を最大化するにはどのような価格戦略を立てればいいのか，理論的に分析することです。

インターネットでオークションを提供するプラットフォーム事業者を考えてみましょう。オークションは，買手と売手の双方がいて初めて成り立ちます。売手が多いほど，買手にとって好みの商品を見つける可能性が高まるし，買手が多いほど，売手の商品を買ってくれる可能性も高まります。オークションの買手と売手の間には，ネットワーク効果が働くのです。

売手が不足していると，オークションは買手にとって魅力がなくなります。そこで，プラットフォーム事業者は，売手の参加料を下げて，売手の数を増やさなければなりません。売手の数が増えれば，買手にとって魅力は増すから，買手の参加料を上げることができます。当然，逆の論法も成り立ちます。したがって，プラットフォーム事業者は，数が足りていない側の料金を引き下げ（場合によっては無料にして），数が足りている側から高目に課金すればよいのです。

両面市場の経済学は，独占禁止政策に対して，難しい問題を投げかけます。伝統的な産業組織論では，独占企業の市場支配力を，価格を限界費用以上につり上げるマージンの大きさで判断してきました。しかし，両面市場では，先述の通り，必ずしも片側の価格マージンだけでは，市場支配力を判断できないのです。両側の価格構造を総合的に判断した上で，市場支配力を判断しなければならないのですが，それは複雑な作業です。

ティロールの活躍は，新産業組織論，新規制理論，両面市場モデルに留まりません。バブルの発生解明や銀行規制等の金融経済学，自信過剰

や内発的動機等の行動経済学においても，一流の業績を残しています。一体どうすればあれだけのアイデアが湧いて出てくるのか不思議です。しかし，高度に数理化が進んだ現代経済学において，ティロールの数学的能力が天才的で突出しているわけではありません。

　実際に，ティロールが単独で書いた論文や著作は，足し算引き算だけでも理解できる簡単なモデルを用いていることも多いのです。ティロールの卓越した研究業績を支えているのは，複雑な現実の経済の中で本質を見抜き，それを過不足なくモデル化するビジョンではないでしょうか。だからこそ，ティロールの理論は風雪に耐え，支持を獲得することに成功したのです。

図書案内

　アカロフは何冊かの一般向けの著作を出し，それは日本語でも翻訳されています。特に，『アニマルスピリット』は，評判を呼びました。
ジョージ・A・アカロフ，幸村千佳良・井上桃子訳（1995）『ある理論経済学者のお話の本』ハーベスト社.
ジョージ・A・アカロフ，ロバート・シラー，山形浩生訳（2009）『アニマルスピリット』東洋経済新報社.
　スティグリッツの著作は，教科書・一般書共に，沢山翻訳されています。
ヨゼフ・E・スティグリッツ，楡井浩一訳（2006）『世界に格差をバラ撒いたグローバリズムを正す』徳間書店.
ヨゼフ・E・スティグリッツ，鈴木主税訳（2003）『人間が幸福になる経済とは何か――世界が90年代の失敗から学んだこと』徳間書店.
　ティロールには，電気通信産業や金融産業に関する著作があります。
ジャン・ジャック・ティロール，上野有子訳（2000）『テレコム産業の競争』エコノミスト社.
ジャン・ジャック・ティロール，北村行伸・谷本和代訳（2007）『国際金融危機の経

済学』東洋経済新報社.

1. アカロフのレモンをまとめてみましょう。
2. スティグリッツのモデルをまとめてみましょう。
3. ティロールの規制の経済学をまとめてみましょう。

9 市場と組織の経済学のはざま
コース／ウィリアムソン／ハート

《本章のポイント》 市場で取引をするには，費用が発生します。このことを，取引費用という概念で定式化したのがコースです。取引費用の高低が，市場取引と企業内取引のどちらが有利になるのかに影響します。その取引費用という概念を新制度派経済学として発展させたのが，ウィリアムソンです。新制度学派は，取引費用の考え方を用いて，市場か企業かという二者択一だけではなく，企業間取引というもう一つの選択肢も，その研究対象に加えました。さらに，ハートは，契約理論というツールを発展させて，契約を完全には書き切れない状況下で，企業の内部構造や組織の問題を一層精緻に分析しました。

《キーワード》 コースの定理，新制度派経済学，契約理論

1. ロナルド・H・コース（Ronald H. Coase）

受賞	1991年
生まれ	1910年12月29日
死亡	2013年9月2日
国籍	イギリス・アメリカ
受賞時所属先	シカゴ大学
受賞理由	取引費用と財産権の発見と明確化への貢献

（1）生い立ち

多くのノーベル賞受賞者は，富める者も貧しき者も，古典から数学ま

ロナルド・H・コース
写真提供：ユニフォトプレス

で通じているものです。その点，コースは違います。学業面では目立った存在ではありませんでしたし，学者はおろか高等教育さえ受けずに終わったとしても，不思議でない環境であり才能でした。しかし，コースが凡人と異なる点があったとすれば，事実をありのまま見つめ，その背景にある真実を見通す洞察力にありました。

　コースは，1910年に，イギリスのロンドン郊外で生まれました。コースの父親は普通の電信技師であり，勉強よりもスポーツが得意だったと言います。対して，コースは孤独と読書が好きな少年でしたが，足が不自由だったために，特別学校で初等教育を受けました。コースが11歳の時，両親はコースの将来を考えあぐね，骨相学者の見立てを聞きました。その見立てによれば，体を使うよりも頭を使う職業に向いているというものでした。

　それから，コースは両親の勧めで，奨学金を得て，中等学校に進学することができました。そして，労働者階級の師弟にも門戸を開いていたロンドン大学に，通信教育聴講生として入学しました。すぐに，コースは本学生として移籍しましたが，当初は，歴史を専攻しようとしたものの，イギリスの教養としては常識のラテン語の教育を受けておらず断念，次に，化学に興味を覚えたものの，数学に歯が立たずこれまた断念。

　こうして，消去法的に選んだ道が，ロンドン・スクール・オブ・エコ

ノミクス（LSE）でした。そこで，恩師の温かい励ましを受けて，勉学に励みました。一時，奨学金を得てアメリカで留学した後，1932年に，産業論の研究でLSEを卒業し，スコットランドで教鞭をとり，第二次世界大戦中は軍務につきました。

戦後は，LSEで教鞭をとりながら，博士号も取得しました。そして，ロックフェラー財団の奨学金を得て再び渡米し，バッファロー大学，バージニア大学で教授を務めました。転機となったのは，1964年に，シカゴ大学へ移籍したことで，そこで，法と経済学の発展に尽力しました。こうした長年の貢献が認められ，コースは，1991年に，ノーベル経済学賞を受賞しました。コース自身，彼の成功は，彼の選択以外の部分が大きいと認めています。塞翁(さいおう)が馬(うま)という諺がぴったりな人生でした。

（2）学問業績

コースは，規格外れの人でした。ノーベル賞学者としては異例くらい，論文数が少数でしたし，論文で高度な数学を用いませんでした。コースの代表的な論文は，「企業の本質」（1937年），「限界費用論争」（1946年），「社会的費用の問題」（1960年）ですが，すべての論文が深い洞察に裏づけられており，新しい学問分野を切り拓きました。

コースによれば，経済理論では，予め，企業と市場は存在するものとして仮定されており，分析の対象となっていません。コースは，企業・法という伝統的経済学が無視してきた要素の存在理由を問い，「新制度派経済学」の先駆けとなりました。

企業はなぜ存在するのか。企業の活動領域を決定する要因は何なのか。この素朴な疑問を真摯に問い，解明の端緒を切り開いたのが，コースなのです。コースは，この問題に答えるために，「取引費用」という概念を提示しました。取引費用とは，市場で価格メカニズムを利用し，取引を

実行するための費用であり，模索と情報の費用，交渉と意思決定の費用，監視と強制の費用を含みます。

　コースは，企業と市場を，経済活動を遂行するための代替的な組織と位置づけ，取引費用の大小関係が，様式の選択を規定すると考えました。生産は個人間の契約という分権化した方法で行われますが，生産物の取引がそこそこの費用で済む場合には，取引を内部組織化する方式が選ばれるのです。企業の規模の限界がどこで決まるかといえば，取引を組織化する費用が，市場の取引を通じた費用と等しくなるところです。

　コースは，法と権利の問題にも，分析の目を向けました。ある土地で，工場所有者が，工場を操業することによって，公害を排出しながら生産し，公害が住民の財産に損害を与える事例を考えてみましょう。公害を生み出す企業は，損害を被る人々へ補償することが望ましいと考える伝統的な立場に従えば，私的生産物と社会的生産物との乖離を埋め合わせるように，政府の補助金や課税を使って，企業活動は制限されなければなりません。しかし，コースは，取引費用がゼロと仮定され，また，当事者の権利が事前に定められていれば，最適な資源配分が，加害者と被害者の自発的な交渉の結果としても，実現すると考えました。

　ある土地に工場を建設する権利を所有しているということは，通常，その所有者にその土地に何も建設しないという権利も与えられています。それと同様に，ある場所で公害を排出する権利は，その場所から公害が排出されるのを止めるために用いることもできます。権利がどのように行使されるかを決めるのは，誰が権利を所有するか，また所有者がどのような契約上の取り決めに従うのかです。もしも取り決めが市場の取引の結果であるならば，権利は最も高く評価される方法で売買されるでしょう。

（3）現代的意義

　コースは，幸運な人でした。彼が考案した取引費用という概念は，多くの研究者によって，その有用性を認められ，新しい学問分野として発展されました。例えば，経済合理性から，独占禁止法や契約法において，司法判断を解明する法と経済学，合理的な経済人を仮定して，戦略的な相互依存性を分析するゲーム理論，限定合理性や不確実性を重視し，なぜ組織が生れるのかを分析する新制度派経済学等，いくつもの新しい学問分野が，コースの取引費用概念を用いて，組織や制度の問題を解き明かしたのです。それと共に，取引費用の本元であるコースの名声も，自ずと高まっていきました。学者として恵まれたスタートを切ったわけでもないコースは，いつの間にか，学問の上昇気流に乗ったのです。

　しかしながら，取引費用は強力な分析ツールですが，両刃の剣でもあります。コース自身の言葉を肝に銘ずるべきでしょう。

　「私（コース）が『企業の本質』で示したところは，取引費用が存在しない場合には，企業が存在する経済的理由はない，ということである。また『社会的費用の問題』で私が示したことは，取引費用が存在しない場合には，法律がどのようなものであるかは問題とならない，ということである」。

コースはさらに続けます。

　「取引費用がゼロの世界は，しばしば，コース的世界と言い表されてきた。まことに，真理ほど遠くにあるものはないというべきか。この世界とは，現代経済理論の世界なのであり，私としては経済学者たちにそこから離れるように説得したいと望んでいた世界なのである」。

要するに，コースは，取引費用という概念を考案した時に，取引費用ゼロという理想的な世界を描いて，最適な資源配分や市場メカニズムを論じたのではないのです。その逆で，なぜ取引費用が無視できない現実的な世界では，資源配分の非効率性が発生し，市場メカニズムがうまく機能しないケースが起こるのかを解明しようとしたのです。

　また，「コースの定理」で重要なことは，所有権の設定が確定していることです。実際には，所有権の所在は曖昧なことが多いのです。経済学では，多数者が共同利用できるコモンズ（共有資源）が乱獲され，資源の枯渇を招く「コモンズの悲劇」が知られています。牧草地の草を牛が食い尽くしてしまうようなケースです。所有権の設定に取引費用がかかり，コースの定理が成り立たない一つの事例となっています。

2．オリバー・E・ウィリアムソン（Oliver E. Williamson）

受賞　　　　　2009 年
生まれ　　　　1932 年 9 月 27 日
国籍　　　　　アメリカ
受賞時所属先　UC バークレー校
受賞理由　　　経済的統治に関する分析への貢献

(1) 生い立ち

　コースの取引費用の経済学を推し進め，新制度派経済学を確立したのが，ウィリアムソンです。ウィリアムソンは，コースの立てた企業の境界という問題を，限定合理性と取引費用という概念から取組みました。

　ウィリアムソンは，1932 年に，アメリカのウィスコンシン州で生まれました。両親は高校教師でしたが，後に，父親は市役所の仕事で出世をしました。ウィリアムソンは，勉強の良く出来る子供で，当初の夢は弁

第9章 市場と組織の経済学のはざま | **145**

護士でしたが，途中で技術者になることを目指し，MITに入学しました。さらに，工学と経済学の融合を目指し，スタンフォード大学とカーネギーメロン大学で学び，1963年に，博士号を取得しました。

しかし，ウィリアムソンは，現実的なモデルを立てる工学と理想的なモデルを立てる経済学の乖離に悩んだようです。当初は，伝統的経済学の立場から，数理的モデルの研究をしていましたが，次第に，コース的非数理研究に近づきました。

オリバー・E・ウィリアムソン
写真提供：ユニフォトプレス

UCバークレー校，ペンシルベニア大学，イェール大学を経て，1988年に，UCバークレー校ビジネススクールの教授として戻りました。ウィリアムソンは，融合的教育研究に興味があり，学際的なプログラムの立ち上げに尽力しました。これには，自身の工学と経済学の融合に挑戦した経験が反映されています。

ウィリアムソンは，UCバークレー校で，制度派経済学の研究所を立ち上げ，経済学・法学・組織論の融合に励みました。加えて，大学の経営的な仕事にも手腕を発揮し，2009年に，ノーベル経済学賞を授与されました。

（2）学問業績

取引費用は，なぜ発生するのか。その大小を決めるものは何なのかが，

未だ分かっていませんでした。そこで，ウィリアムソンは，コースの経済学の視点を引き継ぎつつ，「取引費用経済学」を発展させました。

　第一に，機会主義的な利潤・最大化仮説を採用しました。機会主義とは，自分の利益のためなら，他者の利益を損なっても良いという利己主義です。

　第二に，ノーベル賞学者のハーバート・サイモンにならって，限定合理性の仮定を採用しました。情報の収集・処理能力の限界があり，完全な利潤最大化をとることは出来ません。

　以上，二つの仮定が成り立つ時，企業が自己の利潤を最大化するためには，取引する前に取引相手を調査し，さまざまなことを想定した契約を締結し，契約違反がないか監視しなければなりません。これが取引費用の発生源となります。

　さらに，ウィリアムソンは，取引費用は資産の特殊性，不確実性，取引頻度という三つの要因に依存すると考えます。

　第一に，資産の特殊性とは，資産の価値が取引相手に依存的で，取引先だけに高い価値があることを言います。例えば，取引先の特殊な注文にあわせて自社製品を開発し，一般製品としては売り物にならないことを表します。このような資産特殊な製品の開発には，多大な費用がかかります。さらに，資産特殊な製品は，最初こそ高い価格で売れますが，以降，買いたたかれてしまいます。

　一度投資してしまった後，回収不能となる費用を，「サンクコスト」と言いますが，投資した後に，相手の不当な要求の言いなりになることを，「ホールドアップ問題」と言います。こうした問題を避けようと，複雑な状況を想定して，すべてを契約に盛り込むことは，限定合理的な当事者には大変に費用がかかります。

　第二に，不確実性がある状況では，すべての状況を織り込んで契約を

締結することは出来ず，情報収集の費用もかさみ，訴訟の費用も織り込まなければなりません。また，自社が不利な事態に追い込まれた時，それが取引相手の契約不履行による瑕疵(かし)なのか，やむを得ざる事故によるのか，識別が付きません。怠慢と不運の区別が付きにくい状況を，「モラル・ハザード」と言います。モラル・ハザードがある状況では，取引費用は高くなります。

　第三に，取引頻度ですが，一回限りの取引ならば，相手の機会主義的行動を回避することが出来ませんが，何度も繰り返す取引では，情報の蓄積があり，相手の製品の品質の判断が容易になり，取引に付随する不確実性も小さくなるので，取引費用は小さくなります。

　取引費用を基礎にして，ウィリアムソンは，市場と階層組織を分析します。経済活動の基礎は取引です。取引を調整する契約様式は，市場または階層組織です。組織内の取引費用とは，メーカーが自前で流通チャネルを構築するのに，店舗を建設したり，流通業者を買収したりするのに必要な投資と管理の費用等があげられます。ある取引が内部化され，組織の中で調整されるのは，組織内の取引費用が，市場の取引費用よりも低い時です。逆に，ある取引が市場で取引されるのは，市場の取引費用が，組織内の取引費用よりも低い時です。

　日本型経営が国際競争力を持ち，アメリカで注目を集めていた時には，ウィリアムソンの議論から，日本型経済システムの優位性を分析する「比較制度分析」が盛んになりました。例えば，雇用慣行に関しても，日米を比較すると，日本では，終身雇用を前提とした労働時間による緩やかな調整が中心で，アメリカでは，レイオフ制度を前提とした急速な調整が中心であると言われました。

　日本型雇用システムには，取引費用の観点からも利点が認められます。日本的な終身雇用により，労働者の能力に関する情報蓄積が容易になり，

契約に関する曖昧さを低減できます。採用と教育の費用の節約にもなるし，企業に固有な人的投資も，オン・ザ・ジョブ・トレーニングで行うことが出来ます。

（3）現代的意義

　取引形態は，市場取引と内部取引だけに分けられるわけではなく，その中間的取引形態が存在します。その場合でも，市場と内部組織の取引費用の大小によって，中間的取引形態の程度が決まってきます。新制度派経済学は，その後，多くの経済学者によって，精緻化されました。

　一つの発展は，「エージェンシー理論」と呼ばれるモデルです。ウィリアムソンの仮定は，機会主義と限定合理性でした。この仮定の下で，株主と経営者，経営者と労働者のような利害が異なり，時には対立する内部組織を分析するために，エージェンシー理論はプリンシパル（依頼人）とエージェント（代理人）の間の契約関係として考えます。

　例えば，株主は企業価値である株価を最大化したいと願い，経営者に会社の経営を移譲します。経営者は自分の効用を最大化しようとします。情報の非対称性があるので，会社の株価の最大化と経営者の効用の最大化が一致するとは限りません。プリンシパルとエージェンシーの間の資源配分問題は，エージェンシー問題と呼ばれ，資源配分の非効率性をエージェンシー・コストと呼びます。

　もう一つの発展は，「所有権理論」と呼ばれるモデルです。コースの定理は，所有権が適切に設定されれば，自発的な交渉で効率的な資源配分が実現することを予想します。それでは，所有権はどのように設定されるべきでしょうか。

　所有権は，財を自由に使用する権利，財が生む利益を獲得する権利，他人にこれらの権利を売る権利として定義されます。所有権それ自体も，

普通の財同様に，市場で売り買いされるのです。この所有権という財を売り買いするのに取引費用が発生するならば，所有権の売買にも，市場か内部組織かというコースの境界問題が発生します。

　所有権が経済学的問題になるのは，財の効果が所有者だけでなく，他の人にも影響する外部効果が存在するような場合です。財を使いすぎたり，使わなすぎたりしないためには，所有権を明確にし，共同利用する等，外部効果を組織の内側に留める必要があります。このように，最適な所有権の設定が，一つの研究対象となるのです。

3．オリバー・ハート（Oliver S.D. Hart）

受賞　　　　　2016 年
生まれ　　　　1948 年 10 月 9 日
国籍　　　　　イギリス・アメリカ
受賞時所属先　ハーバード大学
受賞理由　　　契約理論への貢献

（1）生い立ち

　ハートは，1948 年，イギリスのロンドンで生まれました。両親は，両方とも医者でした。父母共にユダヤ系で，政治的には左翼だったそうです。ハート少年は，最初，名門校には進学しませんでしたが，アカデミックか非アカデミックかを振り分ける試験で少年を選抜する仕組みに懸念を持った両親によって，名門のパブリックスクールに転校しました。

　数学が大好きだったハートは，ケンブリッジ大学に進学後も，数学に打ち込みますが，卒業試験でファーストと呼ばれる優等学位をとれずに，その道で挫折を味わいます。当時のハートは，父母譲りの左翼で，よく政治経済の議論をしていたこともあり，新興のウォーイック大学の修士

オリバー・ハート
写真提供：ユニフォトプレス

課程で，初めて経済学に出会います。そして，周囲の勧めもあり，渡米し，1971 年，プリンストン大学の博士課程に進学し，数理経済学に打ち込みます。そこで，文学を勉強していた妻となる女性とも出会い，1974 年に，博士号を取得しましたが，両親の希望もあり，イギリスに帰国し，エセックス大学，ケンブリッジ大学を経て，LSE の教授となります。

ハートは，企業の目的，買収，資本構造，プリンシパル・エージェント・モデルの研究を行い，契約理論の不完備契約を取り扱うようになります。しかし，アメリカ人の妻の生活への配慮や，当時のサッチャー首相の教育切り捨て政策に嫌気がさし，ハートは再渡米する決意をします。1984 年，MIT で教授となり，1993 年，ハーバード大学へ移籍後，2016 年に，ノーベル経済学賞を受賞しました。

（2）学問業績

市場で取引される財サービスの品質には，売り手（下請けや労働者）と買い手（親企業や雇用主）の間で，情報の非対称性があります。情報の非対称性のために怠けてしまうモラル・ハザードや，自分のタイプを偽るアドバース・セレクションが起きます。第 8 章のティロールで紹介したように，伝統的な契約理論では，こうした情報の非対称性を回避す

るための完全な契約を分析しました。しかし，コースやウィリアムソンが指摘したように，実際の市場取引には，取引費用がかかります。

この取引費用がくせ者です。取引のすべての段階において，取引相手を見つけるのにも，取引相手の行動や商品の品質を監督するのにも，取引相手が約束に反した時に罰するのにも，費用がかかるのです。取引費用が高く付く場合，契約書の中に，将来のすべての不測の事態を網羅して，それらに対処する項目を記載し，そして，義務事項を盛り込むことは到底できません。

ハートは，こうした「不完備契約」を取り扱う新しい契約理論を発展させました。土地と家屋を買おうと思う顧客と建築業者という，簡単な例をあげてみましょう。第一に，顧客が土地代と家屋代をすべて前払いして，建築業者が家屋を完成さて引き渡す契約を結びます。不完備契約の世界では，本当に，建築業者が望む品質の家屋を完成させてくれるか，顧客は心配です。

第二に，顧客は一切前払いせずに土地の所有権を取得し，家屋が完成したら，建築業者にすべて後払いする契約を結びます。この時，顧客が本当に建築業者に発注してくれるのか，建築業者は疑わなければなりません。

そこで，ハートは，現実の世界では，第三の妥協案としての契約が結ばれることになると言います。顧客は，先ず，土地代を建築業者に支払い，土地の所有権を得ます。そして，顧客は，家屋の完成状況に応じて，部分的に代金を支払います。こうすれば，顧客も建築業者も，不完備契約のせいで，相手が契約不履行をしても，大きな損害を被らずに済むでしょう。

契約が不完全である場合には，事後的な力関係（コントロール権の配分）が重要になります。第一の契約では，建築業者側に，第二の契約で

は，顧客側に，力関係が偏っています。それに対して，第三の契約では，契約履行の段階で，顧客と建築業者の力関係がおおよそ釣り合っています。

ハートは，現実の取引においては，力関係が重要だと言います。力を英語で言えばパワーになりますが，パワハラという言葉が社会問題になる中，経済学では，あまり力関係に注意を払ってきませんでした。不完備契約の世界では，パワーバランスが重要であること，制度，慣習，法律といったものが，経済主体間の力関係を適当に調節してくれて，問題解決を容易にしてくれることを論じました。

（3）現代的意義

ハートの不完備契約理論は，所有権の意味や企業の境界をうまく説明してくれます。先ほどの顧客と建設業者の例で言えば，土地の所有権が重要でした。一見すると，土地を購入することによっても，土地を賃貸借することによっても，どちらでも契約不履行の問題は避けられそうです。実際に，契約の費用がゼロであれば，すべての必要事項を契約書の中に書き込んで，土地の所有権の移転がなくても，家屋を建てることができます。

しかし，契約に費用がかかる場合，所有と賃貸は同じ結果とはなりません。不完備契約では，対象となる土地と家屋の使用形態をすべての起こりえるケースについて特定することはできなくなるために，例えば，土地が有害物質に汚染されて，家屋の価値が下がるとかいうトラブルが起こった時の責任問題が起きます。そうなると，所有権を持つ者が，コントロール権を持つ代わりに，責任も負うというのが自然になります。家屋の価値が大切ならば，顧客は土地を買い取るべきでしょう。

不完備契約理論によって，市場取引と企業合併の違いは何か，言い換

えれば，企業の境界とは何かという長年の懸案も，見通しが良くなります．取引費用がゼロであれば，二つの企業は，すべての起こりえるケースについて，当事者すべての義務を明記した契約を結ぶことができます．面倒な合併をしなくても，市場取引だけで，問題は起こらないでしょう．

　しかし，取引費用がゼロではなく，契約が不完備になれば，合併が望ましい理由が明らかになります．ハートは，フィッシャー・ボディの例をあげます．フィッシャーは，長年，自動車会社のGMに車体を供給してきました．フィッシャーとGMは，密接な長期契約を維持しながら，独立していました．しかし，1920年代に入って，GMの車体需要が急増すると，フィッシャーが取引価格の見直しを拒否したために，GMはフィッシャーの買収に踏み切ったのです．

　GMは，フィッシャーを買収したことによって，フィッシャーの資産に対して，コントロール権を獲得し，フィッシャーの経営者を言いなりにさせることができたのです．

　難しいのはここからです．フィッシャーはどうなったでしょう．フィッシャーは経営の独立権を失い，車体の品質を向上させようとか，費用を低下させようとか，創意工夫をするインセンティブを失ってしまい，ただ，唯々諾々とGMの注文を受けるだけの子会社になり下がったのです．

　ハートの理論によれば，高度に補完的な資産を所有する企業同士の合併は企業価値を高めますが，互いに独立な資産を所有する企業同士の合併は企業価値を減じてしまいます．その理由は，補完的な資産を持つ企業は，どちらも相手の承諾なしでは何もできないので，合併によって，どちらかにコントロール権を与えた方が良いからです．独立した資産を持つ企業が合併しても，買収企業は，被買収企業の資産を使って，利益を得ることはできないので，買収企業は有益なコントロール権を獲得できません．その一方で，被買収企業は，資産に対する権限を失ってしま

います。

図書案内

　コースは寡作の人で，まとまった著作はありませんが，論文が一冊にまとめられています。
ロナルド・H・コース，宮沢健一，藤垣芳文訳（1992）『企業・市場・法』東洋経済新報社.
　ウィリアムソンは多作の人で，主要著作が日本語に翻訳されています。
オリバー・E・ウィリアムソン，浅沼万里，岩崎晃訳（1980）『市場と企業組織』日本評論社.
オリバー・E・ウィリアムソン，井上薫，中田善啓監訳（1989）『エコノミック・オーガニゼーション：取引コストパラダイムの展開』晃洋書房.
　最後に，ハートには，次の著作が日本語に翻訳されています。
オリバー・ハート，鳥井昭夫訳（2010）『企業，契約，金融構造』慶應義塾大学出版会.

1．コースの取引費用をまとめてみましょう。
2．ウィリアムソンの新制度派経済学をまとめてみましょう。
3．ハートの不完備契約理論をまとめてみましょう。

10 社会経済学が見据える射程
ミュルダール／ハイエク／セン

《本章のポイント》 1974年に，ノーベル経済学賞がミュルダールとハイエクに授与されると，多くの経済学者が戸惑いました。ミュルダールやハイエクは，大学教授の枠を超えて活躍をした学者以上の学者ですが，彼らの理論経済学者としての業績はすっかり忘れ去られていたからです。意地悪な見方をすれば，ミュルダールのノーベル経済学賞には，母国スウェーデンの身びいき的な側面があり，また，ミュルダールの受賞がなければ，ハイエクの同時受賞もなかったのではないでしょうか。つまり，社会主義のミュルダールと自由主義のハイエクを両方持ってきてバランスを取ったというわけです。しかし，多くの人がミュルダールとハイエクの受賞を祝福し，彼らの受賞によって，ノーベル経済学賞の一般知名度が増したのも事実です。同様のことが，かつての理論経済学者にして，その後は経済倫理学という分野を築き上げたセンにも言えるでしょう。
《キーワード》 累積的因果関係論，オーストリア学派，経済倫理学

1. グンナー・ミュルダール（Gunnar Myrdal）

受賞	1974年
生まれ	1898年12月6日
死亡	1987年5月17日
国籍	スウェーデン
受賞時所属先	ストックホルム大学
受賞理由	貨幣理論・経済変動理論と経済・社会・組織の相互依存性分析への貢献

グンナー・ミュルダール
写真提供：ユニフォトプレス

(1) 生い立ち

　ミュルダールは，1898年，スウェーデンのダレカルリア州グスタフスで生れ，ストックホルム大学法学部を1923年に卒業しました。その後，経済学研究に転じ，クヌート・ヴィクセル，グスタフ・カッセル，エリ・ヘクシャー等が集い，一大勢力をなしていたストックホルム学派の経済学を吸収し，1927年に，経済学の研究で法学博士を取得しました。同じ1927年に，アルバ・ミュルダール（1982年ノーベル平和賞受賞）と結婚しました。夫妻のノーベル賞受賞は，ピエール＆マリー・キュリー夫妻以来のことです。

　1928年から1930年にかけて，ドイツ，イギリス，アメリカを歴訪し，研究を行いました。1931年には，意欲作である『貨幣的均衡』を発表しました。また，アメリカでの滞在経験は，後に人種問題研究として結実しました。一時期，スイスで研究職に就いた後，1933年に，母校の教授となりました。

　もっとも，ミュルダールは，象牙の塔に留まる研究者ではありません。この後，ミュルダールは大学と政治・行政との行き来をします。1934年に，スウェーデン国会上院議員となり，1945年に，商工大臣およびスウェーデン計画委員会委員長を歴任しました。1947年には，国際連合ヨーロッパ経済委員会の行政長官も歴任しました。

1961年に母校に戻り，ストックホルム大学国際経済研究所所長を務めました。1968年に，代表作『アジアのドラマ』を出版し，1974年に，ノーベル経済学賞を受賞し，1987年に死去しました。

(2) 学問業績

ミュルダールの学問業績は，経済活動を事前と事後に分けて，事前の期待と事後の結果が乖離することから，価格や所得の変動が起きるというストックホルム学派の分析手法を発展させたことです。「事前・事後分析」はイギリスのヒックスにも採用され，大きな影響力を持ちました。また，ミュルダールは，大恐慌時に政府の役割を明示化し，不況時には政府が財政赤字で景気刺激策を打ち，好況期には政府が財政黒字で景気抑制策を打つべきであるというケインズ的財政政策を先取りしました。しかし，ミュルダール自身が，その後，こうした議論を大いに発展させることはありませんでした。

それでは，ミュルダールの最大の学問的業績は何でしょうか。それは「累積的因果関係論」と呼ばれる思考様式を提示して，開発経済論や福祉国家論の制度経済分析を確立したことです。累積的因果関係論とは，すべての要因が互いに影響し合い，変化の度合いがますます強まるような状況を解き明かす考え方です。現代のシステム理論では，「ポジティブ・フィードバック」と呼ばれます。また，クルーグマンに代表される収穫逓増の経済学の源流に連なります。ミュルダールの累積的因果関係論は，『アメリカのジレンマ』で本格的に提示されましたが，彼の初期の理論にも萌芽が見られます。

ミュルダールは，第二次世界大戦後，相次いで植民地が独立し，アメリカを中心に開発援助が国際問題となった頃から，発展途上国の経済発展に興味を持ちました。

累積的因果関係論を利用して，途上国と先進国の南北経済格差について論じましょう。ミュルダールは，「逆流効果」と「波及効果」の効果を分けて考えます。第一に，逆流効果ですが，貿易・移民・資本等の移動を通じて，途上国の発展が阻害されることを意味します。第二に，波及効果とは，所得上昇等の内生的な経済発展力のことです。もしも逆流効果が波及効果を上回れば，途上国では，貧困と不平等が拡大します。ミュルダールは，逆流効果が波及効果を上回るのは，土地所有制度や教育制度等の制度的要因が大きく，政府による制度改革が必要だと訴えました。

　ミュルダールは，アメリカ型市場主義とソ連型共産主義に対抗して，スウェーデン型福祉国家を高く評価し，そこへも，累積的因果関係論的議論を試みました。福祉国家という制度的な基盤があれば，経済発展と不平等解消の好循環が可能であるといいます。いささか，身びいきな議論と思われますが，スウェーデン型福祉国家が，多くの国で模範にされているのも事実です。

（3）現代的意義

　マックス・ウェーバーは，価値判断を学問研究から分離すべきであるという「価値自由」の概念を提唱しました。対して，ミュルダールは，経済学は価値判断と不可分であり，どのような価値判断の前提を明らかにするべきと考えました。

　ミュルダールは，市場メカニズムを中心とする新古典派経済学を批判しますが，一般均衡理論的な考え方の中に，暗黙の政治バイアスが隠されていると言います。具体的には，市場に任せておけば上手くいくという予定調和・自由放任的な考え方を指します。すでに見たように，ヒックス，アローのような一般均衡理論の建設者が必ずしも自由放任主義者

ではなく，むしろ彼らの経済学的研究によって，市場メカニズムや民主主義の限界が明示されたとも言えますが，学界の一線から離れたミュルダールにしてみれば酷な話でしょう。

　ミュルダールの福祉国家論を支える価値判断とは，一体どのようなものでしょうか。昔ながらの自由・平等・博愛です。いささか肩すかしを食らうところです。一口に平等と言っても，機会の平等なのか結果の平等なのか，経済的平等なのか非経済的平等なのか，先天的平等なのか後天的平等なのか，現代平等論で議論になる諸論点については，さほど深く議論されていません。

　とはいえ，学者の研究業績の背景には，なにがしかの価値判断が潜んでいるのも事実です。経済学のような社会科学に顕著ですが，自然科学でも問題になります。例えば，実験によって得られたデータを解釈する時，科学者が持っている仮説が解釈を歪め，異なる結論を引き出すこと，酷い場合には，観察事実を歪曲することが明らかになっています。

　こうした科学者のバイアスを「観察の理論負荷性」と言います。科学者自身が，隠れた価値判断に気づかない場合，深刻な意見の対立，学派の分裂を引き起こします。そうした意味でも，研究者は価値判断の自由を目指すのではなく，自分が持っている価値判断を自覚すべきであり，価値判断の相互理解の上で対話に努めるべきなのです。

2．フリードリヒ・アウグスト・フォン・ハイエク（Friedrich August von Hayek）

受賞	1974 年
生まれ	1899 年 5 月 8 日
死亡	1992 年 3 月 23 日
国籍	オーストリア

受賞時所属先　フライブルク大学
受賞理由　　　貨幣理論・経済変動理論と経済・社会・組織の相互依存性分析への貢献

(1) 生い立ち

　ハイエクは，1899 年に，オーストリアのウィーンで生まれました。ウィーン大学で法学を学び，経済学や心理学への関心も深く，オーストリア学派のルートヴィヒ・フォン・ミーゼスのゼミで経済学も勉強しました。1921 年に，法学博士を取得しましたが，この博士号は大学卒業とともに与えられるものであり，ハイエクは，それとは別に博士論文を提出し，国家学の博士号も取得しました。1923 年から，ニューヨーク大学で研究助手として勤務し，一時期，オーストリアに帰国した後，1931 年から 1950 年まで，ロンドン・スクール・オブ・エコノミクス（LSE）で教授職に就きます。オーストリア学派の流れを引くハイエクですが，経済学者としてのキャリアの中で，LSE 時代が一番重要となっています。

　ハイエクの青春には，祖国オーストリア・ハンガリー帝国が第一次世界大戦の敗戦で解体された亡国の民の悲哀を感じます。文化と芸術の都ウィーンを去らねばならず，自身を追った戦争への憎しみを持ち続け，ハイエクの政治的信条も形成しました。

　LSE で，ロビンズ，ヒックス，カルドアのような優秀な同僚と交流し，充実した研究生活を送りました。しかし，大恐慌が襲い，第二次世界大戦の色が濃くなり，ケインズ経済学が勢力を持ち始めると，ハイエクにとって，イギリスも住処とはなりませんでした。1944 年に，共産主義と全体主義を糾弾した『隷属への道』を出版し，1947 年に，新自由主義を標榜する「モンペルラン・ソサイエティー」を組織し，1950 年には，アメリカのシカゴ大学に転職しました。1962 年には，大陸ヨーロッパに

も戻り，その後も，世界各地で教育や研究を続けました。

経済学者ハイエクの主要な研究業績は，イギリス時代の貨幣的な景気循環理論ですが，戦後は忘れ去られました。1974年に，ノーベル経済学賞を受賞し，ハイエク人気が高まります。イギリスの女性宰相マーガレット・サッチャーがハイエクのファンであったことはよく知られていますが，ハイエク自由論のどの部分を支持してのことでしょうか。

フリードリヒ・アウグスト・フォン・ハイエク
写真提供：ユニフォトプレス

（2）学問業績

　ハイエクとミュルダールは，学者としてのキャリアも思想も異なりますが，似ている部分もあります。1930年代，貨幣現象に注目し，大恐慌を説明する経済理論を発表しましたが，やがて登場するケインズ経済学の圧倒的な影響力の前でかすんでしまい，第一線の理論経済学者としてのキャリアの機会を奪われました。しかし，ベトナム戦争前後，失業とインフレの共存する経済現象を前にして，ケインズ経済学が有効な処方箋を提示できなかったことから，ハイエクとミュルダールの経済制度や社会哲学を重視する社会経済学的側面が脚光を浴び，石油ショックで混乱する1974年，ノーベル経済学賞を受賞しました。

　ハイエクは，1931年に，LSEの講義をまとめ，『価格と生産』という研究書を出版しました。現在と将来をつなぐ市場は，大きく分けて，三

種類あります。一つは，消費者の消費と貯蓄のトレードオフを調整する市場であり，消費者の時間選好率で均衡が定まります。次に，企業の財を生産するか資本設備に投下するかのトレードオフを調整する市場であり，利潤率で均衡が定まります。最後に，金融の資金調達の需要と供給のトレードオフを調整する市場であり，利子率で均衡が定まります。

三つの市場の一般均衡では，「時間選好率＝利潤率＝利子率」が成り立つのですが，ハイエクによれば，三つの市場の決定主体が異なり，特に金融市場では，銀行の節度のない信用創造を通じて，貨幣供給量が決定されるために，金融市場の調整が急激な信用崩壊という形で起きて，それが実物の市場にも波及します。一種のバブル崩壊であり，ハイエクの大恐慌に対する見立てです。

ケインズ経済学に比べれば単純明快ですが，30％近い失業率を前に迫力を欠く理論であった感は否めません。ハイエクは，一貫して，集計的なマクロ経済学を否定しているものの，ハイエク理論は，ミクロ経済的均衡論をマクロ経済現象に安易に適用しています。1941年に出版した『資本の純粋理論』も，さほど評判を呼ばずに終わりました。

ハイエクは，理論研究の後，『隷従への道』を書き，一躍名を挙げます。従来対立するとして捉えられた全体主義と共産主義が同類であり，市場の自律的調整機能を人為的に歪め，私有制の廃止や政府の経済計画を推し進めると，個人の選択の自由が奪われることになると予想しています。

ハイエクが，このような主張を展開したのは，第二次世界大戦の最中であり，誰もがケインズ経済学の熱に浮かされていた時でした。そう考えると，その勇気と先見性は尋常ではありません。

ハイエクが，設計主義的な計画に対して，対抗軸として描いたのが「自生的秩序」という概念です。自生的秩序とは，法律・習慣・制度のよう

に，歴史過程において自生的に形成されてきたルールの束です。自生的秩序を無視して，設計主義的な政策を押しつけることは，個人の自由を抑圧することにつながると，ハイエクは警鐘を鳴らしました。特に，計画化が，完全情報と完全情報処理能力を必要とする点を指摘し，すべての財の均衡価格を計算することが不可能であるという経済計算論争を主導しました。共産主義という20世紀最大の社会実験の失敗を知っている我々にとって，全体主義と共産主義が本質的に同類という主張は説得的で，今にして，ハイエクの洞察は正しかったとも言えます。

　ハイエクは，晩年になると，法学と心理学という若い時代の興味に回帰していき，経済学的研究から距離を置きますが，最後に触れたいのは，「貨幣発行自由化論」です。ハイエクは，政府による貨幣供給の独占を廃止し，民間機関が自由に競争しながら貨幣供給すべきだと主張しました。この主張は，世間から失笑で迎えられました。しかし，今日，クレジットカードであるとか，電子マネーであるとか，さまざまな財テクの発展によって，貨幣市場の供給量は，政府ですらコントロールできなくなっています。その意味で，ハイエクが主張した「固有の名称と単位を持つ異なる貨幣」の発行自由化が，民間の自由な競争を通じて，実現しつつあると言えるのかもしれません。

（3）現代的意義

　ハイエクは，戦後のケインズ主義の失墜と裏腹に，新自由主義の王様として君臨することになりました。「鉄の女」の異名を取るイギリスのマーガレット・サッチャー首相がハイエクのファンであったことから，ハイエクのお茶の間の知名度も上がりました。

　ハイエク自身は，1940年頃に，理論経済学から離れたので，戦後の現代経済学の先端的研究には精通していないと思われますし，ハイエクが

興味を持ちそうな研究ではないと思います。なぜならば，ハイエクが想定する経済主体と一般均衡理論が想定する経済主体は，想定が全く異なるからです。

　一般均衡理論では，完全情報と完全計算能力をも兼ね備えた合理的な存在を仮定します。他方で，ハイエクは人間の知識には限界があり，情報も不完全であるから，市場の自生的秩序の中で，模倣や学習を通じて適応していくと考えました。

　このようなハイエクの立場に立てば，新古典派経済学の方法論的な個人主義が成り立つのか疑わしくなります。つまり，個々人の最適な行動をベースにして，集計量を扱うマクロ経済学の議論は成り立たないというハイエクの否定論に行き着きます。人間の限定合理性を基礎に置いた自生的秩序は，通常時は安定性を持っていても，激動時はがらりと一変するかもしれません。要するに，「初期値に対する鋭敏性」というべき複雑性の特徴を示すかもしれません。

　このように，ハイエク体系を深読みすると，ハイエク経済学と新古典派経済学の類似性よりもその異質性が目につき，意外にも，ハイエク経済学とケインズ経済学の類似性すら感じられます。この点は，ハイエク研究の第一人者，小樽商科大学の江頭進がすでに指摘した点です。私は，なかなかの卓見ではないかと思います。何点か，コメントしましょう。

　第一に，ハイエク経済学もケインズ経済学も，完全情報や完全知識を持たない限定合理的な人間主体を重視し，そこに学問的基礎を置きました。第二に，ハイエク経済学もケインズ経済学も，ミクロの経済行動を集計しても，マクロの経済構造が得られないことを強調しました。若干，その強調には違いがあり，ハイエクは自生的秩序として習慣・制度に注目するのに対して，ケインズは国民所得というマクロ集計量の関数関係に注目しました。

しかしながら，ハイエクとケインズは，同じ大恐慌を目の当りにしながら，描いた処方箋は異なるものでした。政府の責任をうたうケインズ政策を，ハイエクは徹底して嫌い，設計主義として切り捨てました。こればかりは，ミュルダールのいう価値判断に根ざす部分であり，同じような人間観を持ちながら，二人が全く異なる学問的結論に到達したのは，イギリスのケンブリッジという，誰もがうらやむ知的環境で，人間の理性に信頼を置くことができたケインズと，第一次・第二次世界大戦の業火に翻弄され，長い間，亡国の悲哀を舐め続けたハイエクとの，交わることのない人生模様のなせるわざでしょうか。

3．アマルティア・セン（Amartya Sen）

受賞	1998 年
生まれ	1933 年 11 月 3 日
国籍	インド・イギリス
受賞時所属先	ケンブリッジ大学
受賞理由	所得分配の不平等の理論，貧困・飢餓の研究への貢献

（1）生い立ち

センは，アジア人最初のノーベル経済学賞受賞者です。有名な話ですが，センが経済学者を志すきっかけとなったのは，1943 年，センが 9 歳の時，ベンガル大飢饉が発生し，200 万人を超える餓死者を出したことです。センの通う小学校にも，飢餓で窮した暴徒が入り込み，ヒンズー教徒とイスラム教徒の間で抗争も起こりました。センは，活躍の場をイギリスやアメリカに移した後でも，この原風景を忘れたことはないと言います。

センは，1933 年に，インドの西ベンガルで生まれました。センの一家

アマルティア・セン
写真提供：ユニフォトプレス

は学者一家で，父親は化学者でした。「アマルティア（不滅の人）」の名付け親は，インドの詩人ビンドラナート・タゴール（1913 年，アジア最初のノーベル賞受賞）だそうです。

センは，1953 年に，カルカッタ大学を卒業後，イギリスのケンブリッジ大学に留学します。そこで，2 年間，経済学を勉強し，大学院に進学します。ちなみに，ケンブリッジ大学やオックスフォード大学では，大学もさることながら，どのカレッジに所属するかが学生間の優劣意識で重要なのですが，センはトリニティ・カレッジというケンブリッジ大学で一番優秀なカレッジに入寮しました。その当時のケンブリッジ大学は，ケインズ学派と反ケインズ学派が対立していましたが，センはそれぞれバランスよく学んだと言います。センは，一度インドに帰国しますが，ケンブリッジ大学の配慮により，1959 年に，博士号を取得します。

　センは，デリー大学で教職につきながら，MIT 等のアメリカの大学を訪問する機会にも恵まれました。1971 年に，イギリスに渡り，LSE で教鞭をとります。その当時のセンは，ケネス・アローが創始した社会選択論の研究に励み，重要な理論的成果を発表しました。他方，センは社会選択論だけでは満足できず，ハーバード大学のジョン・ロールズの「正義の哲学」にも強く惹かれました。その点，LSE は，経済学者のみなら

ず，政治学者，社会学者も在籍しており，社会科学全般を研究する上で，良い研究機関だったと思われます。また，センは，鈴村興太郎他の日本人研究者とも共同研究をしています。

その後，オックスフォード大学を経て，妻の病気の治療の必要もあり，活躍の場所をアメリカのハーバード大学へ移しました。その頃，センは，社会選択論の数理的研究から，現実の不平等問題を直視する方向に，研究テーマを変えていました。さらに，センは研究を推し進め，「経済倫理学」と言って良い新しい学問分野を構想していきます。同時に，国際連合等の国際機関で，「人間発達指標」の開発にも従事しました。

センは，1998年に，ケンブリッジ大学のトリニティ・カレッジの学寮長という名誉ある職に就きました。前妻を病気で亡くした後，センが再婚した経済学者のエマ・ジョージナ・ロスチャイルド（ロスチャイルド財閥の一族）の勧めがあったと言われています。その同じ年に，センは，ノーベル経済学賞を授与されました。

（2）学問業績

百年以上前，ケンブリッジ大学のアーサー・ピグーによる「旧厚生経済学」では，効用関数は基数的で測定可能であり，個人間比較可能だと考えられました。そこでは，社会厚生は，個々人の効用を重みつけて集計することで定義されました。基数性と個人間比較可能性を非科学的と断罪し，効用関数の順序だけを扱う序数性と個人間比較不可能性だけで，社会厚生を論じようとする立場を「新厚生経済学」と呼びます。

この新厚生経済学の序数性と個人間比較不可能性の仮定が，とんでもないやぶ蛇を生んでしまったのですが，後の祭りです。それが，アローの「不可能性定理」です。不可能性定理は，個人間比較できない序数的効用関数だけでは，民主的な社会的選好を導くことはできないことを表

します。弱い仮定からは，弱い結論しか出ません。

　旧厚生経済学は，個人間比較可能な基数的効用関数を仮定していたので，非科学的ながら使いやすい学問でした。他方，新厚生経済学は，個人間比較不可能な序数的効用関数の上に構築されているので，科学的ではあっても，陰鬱な学問になってしまったわけです。

　近年，センが主導している「ネオ厚生経済学」は，旧厚生経済学の仮定をそのまま受け入れるのではないにせよ，旧厚生経済学の問題意識のルネッサンス化を目指す方向で進化しています。

　例えば，センにも大きな影響を与えたアメリカの倫理哲学者ジョン・ロールズは，1971年に出版した『正義論』で，自分と他人の能力や立場に関する知識が与えられていない無知のヴェールに覆われた原初状態では，最悪の状態を最大限回避しようとするから，最も不遇な立場にある人の権利・自由・所得等の「社会的基本財」を最大にするべきだと，不平等回避を提唱しました。

　センは，インドで見られる奴隷階級の社会的弱者でも，潜在能力を十分に発揮し，社会参加すべきことを強く主張しました。センは，主観的な効用ではなく，人間にとって共通な機能性に着目し，「ケイパビリティ（潜在能力）」の発揮という観点から，社会福祉の共約可能性を目指したのです。

　センのケイパビリティを実用的に発展させたのが，国際連合開発計画（UNDP）の人間開発指数（HDI）です。HDIは，平均寿命，教育（識字率＋就学率），国民所得（一人当たりGDP）の3つの指標から構成され，1993年から，国連年次報告「人間開発報告書（HDR）」で，毎年発表されています。GDPだけでは測れない人間の潜在能力の発揮が，どの程度実現されているかを測る指標なのです。

（3）現代的意義

　センが，ケイパビリティと並んで重視した概念が，「コミットメント」です。コミットメントとは，他者に対する共感であり，他人の効用を重視する利他性とも近いでしょう。センは，新古典派経済学の個人の効用を最大化する利己主義的な経済人を称して，「合理的な愚か者」と呼びました。実際の生身の人間は，多かれ少なかれ，他者に対するコミットメントを持っています。

　利他主義とは，自分への見返りなく，時には自らの利得を犠牲にしてまで，他者に便宜をはかろうとする行為のことを指します。厳密に，他者の効用が上がることを自分の効用を感じる「純粋な利他性」と，他者に施すという行為から効用を得る「見せかけの利他性」を峻別する必要があります。

　利他主義に関して，深い洞察を与えてくれるのが，「最後通牒ゲーム」です。最後通牒ゲームでは，まず，提案者（P）が受諾者（R）に対して，一定の持ち分（例えば10万円）のうちの一部（例えば2万円）を譲与することを申し出ます。次に，RはPの申し出を拒否することが出来ます。RがPの申し出を拒否した場合，RもPも何ももらえず，ゲームは終了します。そうでなければ，申し出通り，ゲームは終了します。

　最後通牒ゲームの実験結果を見ると，PからRへの申し出の60％から80％が，持ち分の0.4から0.5の比率の範囲でした。例えば，10万円の持ち分のうち，自分の取り分は5，6万円で，相手の取り分は4，5万円でした。

　しかし，この結果が，そのまま利他性の証明になっているわけでもありません。Pは低い比率の申し出をした際に，Rに拒否されることを怖れたのかもしれません。それでは，もしもRがPの申し出を拒否できなくなると結果はどうなるでしょうか。これを「独裁者ゲーム」と呼びま

す。PはもはやRによって自分の申し出が拒否されることを怖れずに，分配を決めることができます。

独裁者ゲームの実験結果を見ると，PからRへの申し出の比率は大幅に下がるのですが，決してなくなるわけでもありませんでした。分配率は平均して0.2程度です。

最後通牒ゲームから独裁者ゲームに変わると，PからRへの分配が大幅に減りますが，決してPからRへの分配がなくなるわけでもありません。見せかけの利他主義が働かない状況でも，純粋な利他性とも言える他者への配慮が残るのです。センの言うコミットメントは，確かに，人間に備わっていると言えるのではないでしょうか。

図書案内

　ミュルダールの書籍は，中古本等で入手可能です。
グンナー・ミュルダール，小浪充，木村修三訳（1974）『アジアのドラマ―諸国民の貧困の一研究（上下）』東洋経済新報社.
グンナー・ミュルダール，山田雄三，佐藤隆三訳（1983）『経済学説と政治的要素』春秋社.
　ハイエクは未だに人気があり，春秋社から『ハイエク全集全10巻・別巻1』が出版されていますので，本文中で言及した『価格と生産』や『隷従への道』も含めて，そちらを参考にされると良いでしょう。
　センは現代経済学のヒーローであり，著作が次々に翻訳されています。
アマルティア・セン，鈴村興太郎・須賀晃一訳（2000）『不平等の経済学』東洋経済新報社.
アマルティア・セン，大庭健，川本隆史訳（1989）『合理的な愚か者――経済学＝倫理学的探究』勁草書房.
アマルティア・セン，杉山武彦訳（1977）『不平等の経済論』日本経済新聞社.

1．ミュルダールの累積的因果関係論をまとめてみましょう。
2．ハイエクの自生的秩序をまとめてみましょう。
3．センのケイパビリティやコミットメントをまとめてみましょう。

11 | 歴史と政治の経済学の交差点
ノース／シェリング／ディートン

《本章のポイント》 経済学の方法は，広く歴史学や政治学の分野でも，利用されるようになりました。ノーベル財団も，ノーベル経済学賞を広義に解釈し，歴史，政治学，倫理学のような隣接分野も含めて，受賞候補の選定に努めています。ノースは，経済学の方法論的個人主義を経済史の分野にあてはめ，計量経済史という新しい分野を作り上げました。シェリングは，ゲーム理論を用いて，政治学の分野の紛争解決について，研究を行いました。ディートンは，需要関数の推定方法に大きな貢献を残しながら，最後は，人類の文明史に興味を持ち，壮大なスケールの学問に挑んでいます。こうした動きを経済学帝国主義と揶揄する向きもありますが，経済学の良い部分が，隣接領域でも受け入れられて，学際化が進むことは，良いことではないでしょうか。

《キーワード》 クリオメトリクス，フォーカルポイント，ディートンのパラドックス

1. ダグラス・C・ノース（Douglass C. North）

受賞	1993 年
生まれ	1920 年 11 月 5 日
死亡	2015 年 11 月 23 日
国籍	アメリカ
受賞時所属先	ワシントン大学
受賞理由	経済史の経済理論や数量分析への貢献

(1) 生い立ち

ノーベル経済学賞受賞者には，二つのタイプがあります。一つは，受賞によって，受賞分野に一大ブームが沸き起こり，その分野の伝道師となっていくケース。もう一つは，受賞を契機に，さらにスケールアップして，新しい分野の創造に向かっていくケース。ノースは後者でした。マルクス経済学の薫陶を受けつつも，新古典派経済学の有用性を認め，数量経済史を開拓したノースは，新古典派経済学の枠を捨て，数量経済史さえ乗り越えて，新制度経済学という学問の体系化を目指しました。

ダグラス・C・ノース
写真提供：ユニフォトプレス

ノースは，1920年に，アメリカのマサチューセッツ州ケンブリッジで生まれました。ケンブリッジと言えば，ハーバード大学やMITのある大学町ですが，ノースの家族が大学関係者というわけではありません。父親は，生命保険会社に勤務していましたが，両親ともに高校は卒業していません。その後，ノースの家族は，カナダやヨーロッパを転々としました。

ノースは学業優秀でしたが，趣味はプロ顔負けのカメラで，多くの賞を受賞しました。大学は，サンフランシスコに住んでいた家族の事情で，西海岸の名門UCバークレー校を選びました。しかし，リベラルなバークレーの雰囲気を反映してか，戦争反対運動に身を投じたりで，学業成

績は低空飛行でした。

　1942年に，バークレーを卒業後，第二次世界大戦中，商船隊に入隊しました。船中の3年間は読書に励み，終戦後にバークレーに戻り，1952年に，博士号を取得します。しかし，マルクス経済学の指導教授を持ったせいか，新古典派経済学はさほど熱心には勉強しなかったようです。研究のテーマは，保険産業史から，アメリカの経済発展へと広がりました。

　1979年に，ライス大学で教職につき，ヨーロッパ経済史への興味もあり，ケンブリッジ大学にも滞在します。1960年代は，経済史研究の革命があり，数量経済史研究の中心的存在となりました。ノースのキャリアで転機になったのは，1983年に，セントルイス・ワシントン大学に招かれ，政治経済学センターの所長に就任したことです。

　ノースは，経済史における合理的選択の役割に興味があり，経済発展論における人間の意思決定に関して，制度的な側面から研究するべきだと感じました。そこで，後にノーベル賞を受賞するコース，ウィリアムソンと一緒に，新制度派経済学の創設にも貢献し，1997年に，セントルイスで新制度派経済学の国際学会を開催しました。先立つ1993年，ノースは，経済史の分野で初めて，ノーベル経済学賞を授与されました。

(2) 学問業績

　ノースは，共同受賞者のロバート・フォーゲルと一緒に，経済史と経済理論や計量経済学を総合し，「クリオメトリクス（クリオは歴史の女神）」を作り上げました。クリオメトリクスは，二つの意味で経済史に革命をもたらしました。第一に，仮説を証明するために，経済理論を積極的に援用し，新しいデータを構築し，通説に新しい証明を加えたり，否定したりしました。第二に，その際，統計的な分析を駆使し，文献学的

な証拠よりも，統計学的な検定を重視しました。

　ノースの貢献は，1860年までのアメリカ経済の数量的な解明を行い，経済史の研究に革命をもたらしたことです。そこで，ノースは，綿花の大規模農園がどのように他産業に波及し，地域間の経済発展につながったかを論じました。

　さらに，ノースは，航海産業の生産性について研究し，技術変化よりも，組織変化の影響の方が大きいことを論証しました。こうして，ノースは，経済制度・政治制度・社会制度等，制度の重要性を説き，制度がどのように時代のイデオロギーや非経済的要因に影響されるかを考えました。

　こうして，ノースは，計量経済史から，新制度派経済学に軸足を移すのですが，ノースが重視したのは財産権や所有権です。財産権の割り当ては，コースやウィリアムソンも重視します。ノースによれば，既存の制度では実現できない利潤機会が存在する時に，その利潤を実現しようと思う人によって，新しい制度変化が起きます。19世紀のアメリカの農業・銀行・交通を例にとれば，それらの産業の発展は，財産権の制度変化で説明がつくと言います。

　西ヨーロッパの中世から近世までの経済発展を例にとれば，個人の財産権の拡大が経済発展の必要条件だったとも言います。イギリスやオランダのように，ギルド的特権の弱体化が進み，個人の財産権が早く確立した国と，スペインのように遅れた国では，100年以上の経済発展の差が生まれました。ノースによれば，技術革新のような経済発展にとって必要と思われる要因は意外にも有意な説明変数ではなく，むしろ経済発展の結果であったと論じています。

　ノースは研究を進めて，なぜある国は豊かで，ある国は貧しいのかと問います。財産権・法律のような公的ルールと倫理・道徳のような非公

的ルールを束ねた制度が秩序形成の基本となり，交換取引の不確実性を減じ，取引費用の高低を決定します。制度的な不確実性が大きいほど，取引費用も高くなります。取引費用が高ければ，商取引の契約も困難になり，経済停滞の原因となります。これらは，現在の発展途上国や社会主義国家にもあてはまります。

　経済的・政治的・技術発展は相互に結びついています。そこで，経済的要因だけを重視する新古典派経済学的では，経済成長を説明できないと言います。大きな制度変化は緩慢なものであり，往々にして，制度が人間行動を規定するのです。

　村落社会の交易を考えましょう。村では，自給自足が基本であり，わずかな村落間の非公式な交易が，取引費用が低く済みます。経済圏が拡大して，大きな市場経済が生まれると，交易の規模は拡大し，遠距離で公式な交換が行われます。それに伴い，取引費用も高くなるので，交易の透明性を高め，お互いを欺かない組織が求められます。こうして，キャラバンや船団等，遠距離交易を担う専門集団が登場します。

　経済発展が続けば，財産権の保護と金融の発展が，一層の経済発展と資本蓄積にとって必要となります。そして，交通運輸の発達による取引費用の低下が必要となります。市場経済の特化の結果として，社会の都市化が生まれ，交易をになうサービス部門が主要産業となるのです。

（3）現代的意義

　このように，ノースは計量経済史の専門家であると共に，新制度派経済学の提唱者としても知られます。ノースは，制度における取引費用と財産権の重要性に着目し，「制度は，社会におけるゲームのルール」と喝破しました。物理学で，可逆的で再現性がある性質をエルゴート性と言いますが，人間の歴史では，非可逆的で再現性のない非エルゴート性が

特徴なのです．以下，ノースの学問の集大成とも言うべき『制度原論』について，まとめてみたいと思います．

　経済変化は，人間の量と質，人間知識のストック，社会のインセンティブ構造を決める制度的枠組みの変化等によって引き起こされます．ノースは，経済市場に対して，政治市場という言葉を使い，政治制度の変化も重視します．20世紀の壮大な社会実験とも言われるソ連の勃興と崩壊が，最も良い事例になります．

　人間の知識は，エリート層も含めて，不完全であるにもかかわらず，人間は用意周到に準備して，社会的枠組みを変更しようとしますが，多くの場合，失敗してしまいます．また，根本的変化を遂げようとする社会が，制度的硬直性や誤った信念に直面して，それらを克服しようと格闘しながら，皮肉にも，解体していく過程を早めてしまいます．

　ノースは，近代の社会秩序を二つに分けます．一つは，政治システムを用いて，経済的競争を統制し，利潤を作り出す自然国家です．そうした社会では，権力者が君臨し，コネと身分にもとづいたアクセスが制限された社会です．司法は，不平等にしか執行されず，所有権の保護の不安定で，ショックに対して脆弱な低成長経済に甘んじます．

　もう一つは，参入と競争を通じて，社会関係に秩序を与えようとするアクセス開放型の社会です．そこでは，個人的な関係は重要であるにせよ，各個人が社会の中で広範に面識のない相手とも関係を持つことができます．司法の支配が行き届き，所有権の保護も確立しており，マイナス成長の期間は少なく，政治的・経済的発展が期待できます．

　ソ連の晩期において，ミハイル・ゴルバチョフは，アクセスが制限された社会から，アクセス開放型の社会への転換を目指して，さまざまな改革を断行しました．しかし，それが，社会の混乱を増大させ，ついに，ソ連の崩壊を招き，ロシアは，旧態依然とした自然国家に留まっていま

す。人ごとではありません。バブル経済崩壊後の日本はどうでしょうか。何度も改革，改革を叫びながら，未だに，社会構造の根本的変化に成功していません。社会は非エルゴート性が支配しているだけに，改革の結果も不確実性に覆われ，予測不能な部分が大きいのかもしれません。

2. トーマス・C・シェリング（Thomas C. Schelling）

受賞　　　　2005 年
生まれ　　　1921 年 4 月 14 日
死亡　　　　2016 年 12 月 13 日
国籍　　　　アメリカ
受賞時所属先　メリーランド大学
受賞理由　　ゲーム理論における対立と協力の理解への貢献

（1）生い立ち

　シェリングは，1921 年，カリフォルニア州で生まれました。第二次世界大戦中の 1944 年，ノース同様，UC バークレー校を卒業し，アメリカ政府に勤務し，第二次世界大戦後の 1948 年，ハーバード大学で経済学の博士号を取得しました。シェリングによれば，この当時の経済学はほとんど数学を使わなかったということです。

　そして，世界大戦後のヨーロッパに飛び，戦後復興のためのマーシャルプランの策定に従事します。イェール大学で教鞭を執り，1958 年，ハーバード大学の教授となります。そして，シェリングは，アメリカ政府や連合国に勤務した経験を活かして，ゲーム理論の観点から，協力と紛争を理解するための研究を始めました。

　当時は，アメリカとソ連の対立が激しく，いつ核戦争が起こっても不思議のない時代でした。そこで，シェリングは，ケネディやニクソンの

軍事政策アドバイザーとして活躍し，抑止力としての核兵器の役割に注目しました。シェリングは，ハーバード大学のケネディ・スクールの設立にも活躍しました。

その後，シェリングは，個人の意思決定が，思いもかけない形で，集団的行動になる現象に興味を持ち，エージェント・ベース・シミュレーションという方法の確立にも尽力しました。さらに，シェリングは，地球温暖化のような問題でも，積極的に発言しています。

約30年，ハーバード大学に勤務した後，1990年，シェリングは

トーマス・C・シェリング
写真提供：ユニフォトプレス

メリーランド大学の公共政策大学院に移籍し，2005年，ゲーム理論を政治学に応用した貢献が認められ，ノーベル経済学賞を授与されました。

(2) 学問業績

シェリングは，経済学的バックグラウンドを持ちながら，ゲーム理論を軍縮や国防のような政治学の分野に応用しました。シェリングの第一の貢献は，交渉における「コミットメント」の戦略を考えたことです。ここでいうコミットメントとは，約束を守ったり，脅しを実行したり，交渉でオファーを出すことです。シェリングは，冷戦中のアメリカとソ連のように，敵国同士の間の抑止力という紛争における安定を考えました。そこで，シェリングは，暗黙の交渉および明白な交渉において，収

束するための焦点である「フォーカル・ポイント」という概念を提案しました。

　フォーカル・ポイントを，分かりやすく考えてみましょう。ある人と，ニューヨークで会うことになっていますが，どこで会うかについて，何も約束していません。携帯電話もメールも使うことができません。このような場合，どこに行けば，無事に会うことができるでしょうか。

　驚くべきことに，こうした何の手がかりがない場合でも，人間は想像力を働かせて，例えば，「正午にグランド・セントラル駅」に行ってみる等，臨機応変に自分の意図や予測を相手に合わせることができます。つまり，相手がどう予測するか，そして自分が予測するかについての相手の予測を，各人がどう予測するかが，フォーカル・ポイントになるのです。

　シェリングは，フォーカル・ポイントで見いだす暗黙の調整を，限定戦争の問題に適用します。限定戦争とは，交戦国がその軍事力を行使する時期，場所，方法等を制限することによって，戦争の泥沼化を避けようとすることです。冷戦の対立の時代，米ソの首脳は，胃の痛むような緊張感の中で，核兵器の使用を避け，どうやって全面的核戦争に陥らないようにすべきか腐心しました。

　これは，何の手がかりのない状況の中で，相手とどうやってニューヨークで出会えば良いのかというフォーカル・ポイントを見つけるのと同型の問題です。そして，シェリングは，希望を込めて，核兵器の使用は「タブー」であるために，世界は核兵器を使用しないというフォーカル・ポイントに落ち着くと結論しました。

（3）現代的意義

　シェリングは，2005年12月，スウェーデンのストックホルムにおいて，ノーベル経済学賞受賞講演として，「驚くべき60年：広島の遺産」

を講演しました。シェリングは，語ります。「過去半世紀で最も注目すべき出来事は，起らなかった出来事である。怒りに任せて核兵器の使用に到ることが，過去60年間に一度もなかった」。

これは，核兵器が今日もなお呪われたタブーのお陰だと，シェリングは言います。朝鮮戦争，キューバ危機，ベトナム戦争，何度となく，アメリカ高官は，核兵器にまつわるタブーを撤廃し，核兵器の使用を検討するべきだと訴えかけました。しかし，ケネディ，ジョンソンの賢明な判断もあり，アメリカ大統領は，次第に，核兵器を見せかけでも使うべきではないという良識に傾いていったのでした。

アメリカでは，依然として，広島・長崎の原爆投下によって，多くのアメリカ人と日本人の命が救われたという議論が色濃くあります（日本人にとっては，受け入れがたい考え方ですが）。広島・長崎は神聖化され，神秘的な出来事として，宗教的な力（タブー）を持つようになるというのです。

シェリングは，広島・長崎の神聖化が，これからも，北朝鮮やテロリストの核兵器の使用の抑止力になるかどうかを問います。その答として，シェリングは，アメリカが自らの抑制を認識し，それを誇るべき財産として，大切に守り抜くかどうかにかかっていると言います。

シェリングは，語ります。「テロリストたちは長い時間をかけた討論の末に，自分たちの立場からして核爆弾の最も効果的な使い道は，影響力の行使だという結論に達するだろう──そうなって欲しいと願っている」。

今，アメリカと北朝鮮の間の緊張感は，かつてのキューバ危機時に匹敵するほど，高まっており，トランプ大統領と党委員長の金正恩氏は，どちらも，核兵器の使用をちらつかせながら，相手を恫喝する一方で，慎重に相手の出方を見はからっているようです。

シェリングは，コミュニケーションが全く成り立たないような状況下

でも，フォーカル・ポイントに到達する暗黙の調整を，限定戦争の問題に見いだそうとしました。要するに，シェリングは，フォーカルポイントの中に，人間の理性に対する信頼を込めたのです。我々は，今一度，シェリングのメッセージを再考すべきではないでしょうか。

3．アンガス・ディートン（Angus Deaton）

受賞　　　　　2015 年
生まれ　　　　1945 年 10 月 19 日
国籍　　　　　イギリス・アメリカ
受賞時所属先　プリンストン大学
受賞理由　　　消費・貧困・福祉の分析への貢献

（1）生い立ち

　ディートンの終生の興味は，人類がどうやって貧困と短命から「大脱出」してきたかという物語です。それは，ディートンの家系への興味にもあてはまります。ディートンの父は，イギリスの貧しい炭鉱の村で育ちました。その当時の労働者階級の子供で，高校まで進学できる者はほとんどいません。徴兵されて，さまざまな辛苦をなめた後，鉱山に現場監督として戻った父は，夜間学校で必死に測量技術を学び，水道技師の職に就きました。こうして，ディートンの父は，惨めな生活環境の炭鉱の村から，スコットランド南部の美しい田舎町に引っ越しました。これだけでも，十分な脱出だと，ディートンは言います。

　ディートンの父は，息子には十分な学校教育を受けさせようと，パブリックスクールの奨学金を獲得できるようにしっかりと教育を行い，晴れて，ディートンは，父の給料よりも高いパブリックスクールに入学し，さらに，ケンブリッジ大学に進学し，数学を勉強しました。12 人いる親

戚の中で，大学まで行ったのは，ディートンと妹の二人だけでした。

1975年，ディートンは，ケンブリッジ大学から経済学の博士号を取得し，1976年，ブリストル大学で，教鞭を執りました。そこで，需要システムに関する大きな業績を残したディートンは，1983年，アメリカ東部の名門プリンストン大学に移籍します。

ディートンの二人の子供達も，プリンストン大学を卒業し，ビジネスの世界で活躍していきます。ディートンによれば，ケンブリッジの無味乾燥で限られた教育に比べて，プリンストン大学の教育は幅広く奥深いものだそうです。ディートン自身は，ケンブリッジで受けた教育のお陰で，ノーベル経済学賞を受賞するにいたる業績を残したわけですから，この言葉を額面通りに受け止めるのは危険だと思います。

アンガス・ディートン
写真提供：ユニフォトプレス

何はともあれ，こうして，イギリスの貧しい炭鉱出身の一族は，教育を身につけたお陰で，無知と貧困からの大脱出に成功し，「夢物語」のような恵まれた生活を送っているそうです。私の知る限り，あからさまな自分の成功の誇示は，屈託のないアメリカ人には受け入れられるものの，教養ある（そしてブラック・ジョークを好む）イギリス人には，下品なこととして嫌われるところです。

一大学あたりのノーベル賞受賞者が最も多いケンブリッジ大学では，

親族の研究を誉められた時に,「一応,ノーベル賞はもらったようだ」という謙遜があるそうです。ディートンは,イギリスとアメリカの二重国籍を持っていますが,精神的には,アメリカ人の方に近くなったのかもしれません。

(2) 学問業績

　ディートンの一番の貢献は,需要システム分析のための計量経済学を大きく発展させたことです。ケンブリッジ大学の教授で,ディートンの先生でもあり,ノーベル経済学賞も受賞したリチャード・ストーンは,初期の需要関数の推定に貢献しました。そこでは,社会の消費者の集計された行動が,あたかも個人の行動同様に,社会の消費水準を定めていると考えられました。これを,代表的消費者の仮定と呼びます。

　しかし,この代表的消費者が,実在するわけではありません。ディートンは,「ほとんど理想的な需要システム (AIDS)」を完成させ,合理的消費者の選好理論を基礎において,個人の消費モデルを集計して,社会の消費モデルを推定する方法を考案しました。ごく簡単に言えば,ディートンの AIDS モデルは,二つの項目から構成され,第一項は,消費者個人の最低限の生活支出関数を表し,第二項は,最低限の生活の改善に必要な追加的支出関数を表します。ディートンは,この AIDS モデルを発展させて,消費,所得,生活水準,貧困の問題に鋭いメスを入れていきます。

　まず,AIDS モデルでは,ある時点で,支出額が与えられた時に,どの財サービスの消費にお金を使えばよいのかを推定します。しかし,異時点間では,支出額それ自体も,消費者によって決定されます。フリードマンが定式化した恒常所得仮説では,消費者は,時間を通じて,消費額を平準化します。彼らは,将来の所得が下がると思えば,それを見越

して貯蓄するし，将来の所得が上がると思えば，消費します。しかし，ディートンは，この仮説を検証し，理論と実証結果が両立しないことを明らかにしました。

　この発見は，「ディートンのパラドックス」と呼ばれています。ディートンは，社会的に集計されたマクロ・データではなく，個人レベルのミクロ・データを注意深く検討することを通じて，個々人の金融制約条件を考慮に入れれば，理論と実証結果が両立することを明らかにしました。

　次に，ディートンは，開発経済学の計量分野でも，大きな貢献を残しています。発展途上国の貧困は，本来，個人レベルで定義されるべきですが，実際に集められるデータは家計レベルです。その際，個人レベルの厚生を，家計全体の支出額を，子供も大人も合わせて，世帯人数で割って定義します。しかし，ディートンは，注意深く支出額を推定し，子供は大人の30〜40％しか消費しないことを突き止めました。したがって，従来の貧困の測定方法は，子供がいる世帯について，過大に推定していたのです。

　最後に，ディートンは，なぜ多くの途上国が，貧困から抜け出せないのかを問いました。伝統理論によれば，低所得層は，栄養摂取が足りておらず，そのために，体力一杯に働くことができないという「貧困の罠」が唱えられてきました。ここで，問題となるのは，貧困と栄養不足のどちらが原因で結果かということです。ディートンは，所得と栄養摂取の間の関係を精査し，低所得の結果として，栄養不足が起きるのであり，栄養不足では貧困を説明できないことを明らかにしました。

（3）現代的意義

　ディートンは，その著作『大脱出』の中で（原題は，第二次世界大戦の捕虜収容所から脱走する男達の映画からとられています），人類史上最

大の大脱出，貧困都市からの脱出について，論じています。そこで，ディートンは壮大な文明史を論じますが，そこでも，データを用いて，主張を裏づけようとします。

国民幸福度と国民所得の間の関係を例にとって，説明しましょう。近年，所得と幸福は別のものであり，基本的ニーズが満たされてしまえば，所得は人間の幸福を高めないという主張があります。そこで，ディートンは，一人あたりの国民所得と平均人生満足度の関係を調べています。概して言えば，アフリカ，アジアの後進国，中国，ロシアあたりの新興国は，一人あたりの国民所得と人生の満足度の間に正の相関関係が見てとれます。

他方で，韓国，台湾の豊かな新興国から，日本，ヨーロッパ，アメリカ等の先進国になると，一人あたり所得と人生満足度には，正の関係が見られず，人生満足度は頭打ちになっています。おおよそ，人生満足度が頭打ちになる一人あたり国民所得の天井は，年間100万円になるようです。

しかし，ディートンは，この主張には注意が必要だと言います。所得を考える時に，絶対額で考えるのか，割合で考えるのか，区別するのが重要なのです。対数目盛を使って，一人あたり所得の倍数（1倍，4倍，16倍，64倍，256倍等）と平均満足度の間の関係を調べてみるとどうなるでしょうか。その時，一人あたり所得の倍数と人生満足度の間に，見事に線形の正の相関関係が求められたのです。

どちらの見方が正しいのでしょうか。どちらも正しいとディートンは言います。前者の見方が教えてくれるのは，所得が同じ金額だけ増加した場合，それが人生満足度に与える影響は，裕福な人よりも，貧しい人の方が大きいということです。他方で，後者の見方が教えてくれるのは，所得が同じ割合だけ増加すれば，人生の満足度は同じだけ増加するとい

うことです(興味深いことに,全く同じ関係が,一人あたり所得と出生時平均余命の間にも言えます)。

　人生満足度は,所得に留まらない人生の重要な観点を捉えており,健康,教育,社会参加等,幸福の多様さを教えてくれます。だからと言って,所得には何も意味がないとか,人生満足度だけに注目すれば良いという主張に陥らないようにと,ディートンは警鐘を鳴らしています。

図書案内

　ノースの著作は,以下も含めて,数多く翻訳されています。
ダグラス・C・ノース,竹下公視訳(1994)『制度・制度変化・経済成果』晃洋書房.
ダグラス・C・ノース,瀧澤弘和,中林真幸監訳(2016年)『ダグラス・ノース　制度原論』東洋経済新報社.
　後世に影響を与えたシェリングの名著です。
トーマス・C・シェリング,河野勝監訳(2008年)『紛争の戦略:ゲーム理論のエッセンス』勁草書房.
　ディートンの著作には,以下の翻訳があります。
アンガス・ディートン,松本裕訳(2014)『大脱出:健康,お金,格差の起原』みすず書房.

1. クリオメトリクスとはどのような学問か,まとめてみましょう。
2. フォーカルポイントとは何か,まとめてみましょう。
3. 幸福と所得の間の関係はどのようなものか,まとめてみましょう。

12 | 市場を設計する経済学
スミス／ヴィックレー／ロス

《本章のポイント》　市場メカニズムは，理論通り，うまく機能するのでしょうか。市場メカニズムの意義と限界を，実験的に研究したのがスミスです。スミスは，ハーバード大学で，チェンバレンの経済実験に参加し，実験経済学を打ち立てました。実際に，市場が成立しないような分野で，工学的な発想から市場を設計することを，マーケットデザインと言います。マーケットデザインの一例は，売り手と買い手が値段をつけるオークションです。このオークションで，非常に深い洞察を与えたのが，ヴィックレーです。ヴィックレーは，さまざまなオークションを理論的に比較検討し，二位価格オークションが効率的であることを証明しました。マーケットデザインのもう一つの例は，マッチングです。価格メカニズムを用いるオークションとは異なり，マッチングでは，双方の好みに応じて，最適なペアを決定します。ロスは，シャプレー等が理論的に証明していたアルゴリズムを用いて，実際のマッチングを構築し，さまざまな社会問題を解決することに成功しました。

《キーワード》　実験経済学，オークション，マッチング

1. ヴァーノン・L・スミス (Vernon Lomax Smith)

受賞	2002 年
生まれ	1927 年 1 月 1 日
国籍	アメリカ
受賞時所属先	アリゾナ大学
受賞理由	行動経済学と実験経済学への貢献

(1) 生い立ち

実験経済学の祖，スミスは，1927年の元日，アメリカのカンザス州で生まれました。スミスは，母親の再婚の夫の子供であり，前夫は鉄道会社の事故で亡くなっていました。やがて，技師だった父親と再婚し，農場を買い取り，汗水流して働きます。ちなみに，大恐慌の時代の話で，母親は社会主義者だったと言います。

アメリカの典型的な労働者階級に生まれたスミスは，初等教育を終えると，さして優等生でもなかったので，16歳で，ボーイング

ヴァーノン・L・スミス
写真提供：ユニフォトプレス

社の工場に就職します。B 29の製造にも携わりました。向学心が芽生えたスミスは地域のカレッジに進み，そこで，優秀な成績を取り，憧れのカリフォルニア工科大学に進みます。アメリカでは，そういった敗者復活のルートも，狭いながら，存在するようです。非常に厳しい教育で知られるカルテックで，スミスは，非常に優秀な成績を修めます。

当初，物理学や電気工学を専攻したスミスが興味を持ったのは，物理学から経済学に転じたサミュエルソンの経済学でした。カルテックを卒業し，カンザス大学で経済学の修士号をとったスミスは，1952年，ハーバード大学の大学院に進学します。ハーバードでは，シュンペーターは亡くなっていましたが，きらめくようなビッグネームが並び立ち，隣のMITにはサミュエルソンもいます。カルテックの厳しい理工教育を受け

たスミスには，ハーバードの経済学は易しかったようで，オールAの成績を取ったといいます。

ハーバードでの重要な出来事は，産業組織論で有名なE・H・チェンバレンの経済実験に参加したことです。チェンバレンは，机上の市場メカニズムが，実際には学生を被験者とした経済実験において，さして有効に機能しないことを論証し，満足していました。スミスは，そこで，どうやったら，市場メカニズムがうまくいくのだろうという問題意識を持ったのです。

スミスは，1955年に，工学で有名なパデュー大学に就職し，実験経済学の研究を行い，ブラウン大学，マサチューセッツ大学を経て，母校カルテックに戻るチャンスもあったようですが，最終的にアリゾナ大学を選び，そこで26年，奉職しました。2002年，ノーベル経済学賞を受賞し，ジョージ・メーソン大学で教鞭を執りました。

（2）学問業績

1948年に，ハーバード大学のチェンバレンは，学生を相手に，売り手と買い手に分けて，予算や費用を割り当てる実験を行い，市場メカニズムは非合理的だと論じました。実験では，被験者は教室の中で，買い手の場合，予算－価格，売り手の場合，価格－費用として定義される利益を最大化しようとします。しかし，実験の結果，取引価格は，均衡水準よりもずっと低かったのです。チェンバレンの実験の重要な仮定は，予算や費用を誰にも教えてはいけないという私的情報が課されたことです。

スミスは，学生として実験に参加し，チェンバレンの実験に違和感を感じました。もしもチェンバレンの実験で，買い手が希望購入価格，売り手が希望販売価格を，それぞれ，全員に逐次知らせるようにしたら，実験結果はどうなるのでしょう。スミスは，取引を数回繰り返すと，取

引価格が均衡価格に収束していくことを発見しました。もしも予算や費用が変化して，需要曲線や供給曲線がシフトしても，参加者の取引価格が，均衡価格に収束することも知られています。

　つまり，チェンバレンの実験とスミスの実験を比較して，市場メカニズムがうまくいくかどうかは，取引結果を取引参加者に周知する情報開示の制度が備わっているかどうかに依存します。市場を取り仕切る競り人の存在が重要な役割を果たすと言えるでしょう。あるいは，購入希望価格と販売希望価格を，取引参加者が共有できるザラ場と呼ばれる掲示板があれば，市場メカニズムはうまく機能します。

　スミスは，もう一つ，興味深い実験結果を報告しています。株や債券のように，毎年，配当収入がある資産を売買する実験を考えましょう。最初のうちは，取引は慎重に行われ，取引価格は均衡価格を大幅に下回ります。しかし，次第に，取引価格は上昇し始め，遂には，均衡価格を大幅に上回ります。ところが，一度，取引価格が低下し始めると，以降，ずっと取引価格は下がり続けます。まさに，バブルの生成と崩壊が，実験で再現されたのです。バブル経済の発生でも，売り買いの判断材料となるシグナルに関して，私的情報の仮定が成り立つ場合に，バブルは発生しやすくなります。

(3) 現代的意義

　スミスが作り上げた実験経済学は，長らく実験ができないと言われた経済学を一変させました。実験経済学の素晴らしいところは，現実の観察データでは不可能な経済環境の統制が可能なことです。つまり，経済実験室での実験では，望む介入をランダムに割りつけて，コントロール・グループとトリートメント・グループを作ることができます。例えば，市場メカニズムの実験であるならば，私的情報の仮定の有無を，実験者

の望むように統制して比較できます。

　しかし，このラボ実験にも，二つの弱点があります。第一に，実験参加者の多くが学生等，非常に偏りがあることです。老若男女の多くの実験参加が望まれます。もう一つは，実験タスクが，現実の生活の中でのタスクとは異なることです。ラボ実験で成り立つことが，現実経済の中でも成り立つとは限りません。

　そこで，経済実験を一歩進めたのが，ラボからフィールドへの進化です。「フィールド実験」とは，トリートメントのランダムな割り当てを，実験参加者の生身の生活で行うことです。したがって，学生以外の多様な実験参加者が，現実的なタスクを行います。

　フィールド実験は，2000 年代に入って，経済学世界でも多用され，「最強の経済学」と言えるでしょう。開発経済学では，MIT のエスター・デュフロー，公共経済学では，シカゴ大学のジョン・リストが，この分野をリードしています。フィールド実験の経済学者が，ノーベル経済学賞を受賞することも，さほど遠い未来ではないでしょう。

　しかし，フィールド実験にも弱点があります。第一に，費用がかさむことです。むやみやたらに，どこでも実施できるものではありません。第二に，しばしば，倫理の壁があります。トリートメントをもらえる実験参加者と，もらえない実験参加者の間の不公平が問題になります。

　実験ができない学問だと言われてきた経済学ですが，近年は，実験によって，理論の正しさや政策の効果を測るのが当たり前になっています。ラボ実験も，フィールド実験も，それぞれ異なる一長一短があります。両者を上手に使い分けながら，実験経済学を発展させていく必要があります。

2. ウィリアム・S・ヴィックレー
（William Spencer Vickrey）

受賞	1996年
生まれ	1914年6月21日
死亡	1996年10月11日
国籍	カナダ・アメリカ
受賞時所属先	コロンビア大学
受賞理由	情報非対称性下の経済的誘因への貢献

（1）生い立ち

ヴィックレーは，1914年，カナダのブリティッシュ・コロンビア州で生まれました。ただし，教育はアメリカで受けており，イェール大学で数学を専攻しました。そして，コロンビア大学の大学院で，経済学を学びますが，博士号を取得する前から，アメリカ連邦政府財務省で働き始め，第二次世界大戦中には，最適税制の仕事に従事しました。戦後，再びコロンビア大に講師として戻り，1948年に経済学博士号を取得しました。1958年には，教授に昇進しています。

ヴィックレーは，ノーベル経済学賞の受賞直後に急死したために，ヴィックレーの伝記で伝えられるところは少ないのですが，意外にも，理論経済学者の印象の強いヴィックレーは，現実の経済制度の設計にも，数多く関わっています。最も有名なところでは，1950年に，敗戦後の日本の税制制度をリードしたシャープ勧告のメンバーでした。その他にも，ヴィックレーは，限界費用価格形成の権威であり，ニューヨーク市の地下鉄の運賃制度を設計したり，インドの都市計画に助言したりしています。オークションの権威であるヴィックレーは，さまざまな分野で，マー

ウィリアム・S・ヴィックレー
写真提供：ユニフォトプレス

ケットデザインの先駆者でもあったのです。

(2) 学問業績

ヴィックレーが大きな貢献を残した「オークション理論」について、解説しましょう。オークションとは、個人や企業が、美術品や周波数のような欲しいと思うものに対して、値付けを入札して、落札者を決める方式です。

オークションには、いくつかの種類があります。第一に、値づけを封印した状態で、一位の価格を入札した人が落札し、一位の価格を支払うオークションを、「一位価格オークション」と呼びます。第二に、値づけを封印した状態で、一位の価格を入札した人が落札し、二位の価格を支払うオークションを、「二位価格オークション」と呼びます。

また、第三に、口頭で高い価格から始めていき、次第に入札価格を競り下げていくオークションを、「オランダ式オークション」と言います。第四に、口頭で低い価格から始めていき、次第に入札価格を競り上げていくオークションを、「イギリス式オークション」と言います。

考えてみると分かることですが、実は、競り下げ式のオランダ式オークションは、一位価格オークションと、実質的に同じ結果をもたらします。また、競り上げ式のイギリス式オークションは、二位価格オークションと、実質的に同じ結果をもたらします。これを、「戦略的同値性」と呼

びます。

　ヴィックレーは，一位価格オークションでは，落札した時の価値は，自分の私的価値から一位入札価格を引いたものなので，入札者は嘘をついて，自分の私的価値よりも低い価格で入札しようとすることを証明しました。さらに，ヴィックレーは，二位価格オークションでは，落札したときの価値は，自分の私的価値から二位入札価格を引いたものなので，入札者は正直に，自分の私的価値と同じ価格で入札しようとすることも証明しました。

　したがって，二位価格オークションこそ，評価値を正しく表明する最適戦略となります。この二位価格オークションよりも，売り手の収益が大きくなるようなオークション方式を見つけることができないという「収入同値定理」も，ヴィックレーが証明したものです。このように，オークション理論の主要な性質を，ヴィックレーが明らかにしたのです。

（3）現代的意義

　オークションは，ゴッホの絵画のような美術品・骨董品の入札から，各国政府が実施する周波数利用権の入札まで，さまざまな場面で活用されています。最近では，インターネットのオンライン上で，オークションサイトが非常に人気を博しています。

　周波数利用権を最初にオークションにかけ，落札者を決めたのは，1990年のニュージーランド政府だと言われています。ニュージーランド政府は，ヴィックレー理論を用いて，二位価格オークションを採用しました。一つ厄介なことが発生しました。周波数は複数の帯域があるので，複数財オークションにかける必要があります。異なる帯域の周波数の価値には補完的関係があるために，ニュージーランドの独立平行式はうまくいきませんでした。ニュージーランドの挑戦は，ほろ苦い結果となったの

です。

　この経験を上手に活かしたのが，アメリカです。アメリカ政府は，1994年，スタンフォード大学のポール・ミルグロム等をアドバイザーに任命し，周波数利用権のような複数財オークションを改良して，同時競り上げ式を考案しました。アメリカの周波数利用権のオークションは，1994年から 2012 年まで，780 億ドルの収益をアメリカ政府にもたらしました。当初の予想額が 100 億ドルと言われていましたから，大きな成功と言って良いでしょう。今では，OECD 加盟国の多くが，アメリカの成功にならって，周波数の利用権にオークションを導入しています。

　未だに，周波数利用権の割り当てに，オークションを導入していない例外的な国が日本です。日本の周波数の割り当ては，総務省が比較審査する方式を採用しています。この制度で，うまく回っているのならば，文句も出ないでしょうが，そうでもないようです。日本政府は，新規参入者を優先して，周波数の割り当てを進めてきましたが，ウィルコムは 2007 年に倒産し，イー・アクセスは 2013 年にソフトバンク傘下に入りました。

　日本でも，周波数オークションを求める声は大きく，民主党政権も 2009 年衆院選挙のマニフェストに入れていましたが，自民党に政権交代した後は，通信業者や放送業者の既得権益への配慮からか，後ろ向きな姿勢に終始しています。政府担当者も，周波数の割り当ての許認可権限を持つことは，業界に対してにらみをきかせる上で，必要なパワーだと想像され，なかなか手放したくないのも人情として分かります。

　しかし，OECD 諸国の中で，周波数オークションを導入していないのは日本だけであり，しかも，日本の審査方式の周波数の割り当てが競争政策として失敗してきたことを考えると，そろそろ軌道の修正が必要な時期にさしかかっているのかもしれません。

3. アルヴィン・E・ロス（Alvin Elliot Roth）

受賞	2012年
生まれ	1951年12月18日
国籍	アメリカ
受賞時所属先	ハーバード大学
受賞理由	安定配分の理論と市場設計の実践への貢献

（1）生い立ち

　人なつこい笑顔で微笑むロスは，「マッチング」というマーケットデザインをリードする気鋭の研究者です。ロスは，1951年，ニューヨーク市で生まれました。両親は，秘書学という珍しい科目の高校教師でした。ロスが子供の頃は，米ソが宇宙開発でしのぎを削っていた時代で，自然に，ロスも科学が大好きな少年になりました。その他，ロスは，空手で体を鍛えていました。

　ロスが，コロンビア大学で選んだ専門は，数学で社会問題を解決できるオペレーションズ・リサーチでした。スタンフォード大学の大学院でも，ORの勉強を続け，1971年に，博士号を取得し，イリノイ大学で働き始めました。イリノイ大学では，工学部でORを教えると共に，経済学部でゲーム理論を教えました。ロスは，ニューヨークに帰ると，ゲーム理論の創始者オスカー・モルゲンシュテルンを訪問し，自分の研究を報告するようなこともあったと言います。

　ロスは，1982年に，ピッツバーク大学に移籍します。ピッツバーグ大学は医学研究で有名であり，ここで，ロスは2つの研究テーマに出会います。一つは，医学部を卒業した研修医が，どの病院で研鑽を積むかという病院と研修医のマッチングの問題。もう一つは，臓器の提供者と患

アルヴィン・E・ロス
写真提供：ユニフォトプレス

者の需給をマッチングさせる問題。こうした医学上の具体的な問題を解く必要から，ロスは，1950 年代に，ロイド・シャプレー等によって証明されていたマッチングの安定性の問題を応用することになっていきました。ロスは，自分のことを，「技術者としての経済学者」と呼んでおり，マーケットデザインを通じて，先端的な社会問題の解決に従事しています。

　一つ，面白いエピソードを紹介しましょう。ロスが，1980 年代に，シカゴ大学のジョージ・スティグラーが編集長を務める有名学術雑誌に，論文を投稿した時のことです。この時のスティグラーの返事は，丁寧な文章で，論文は面白いが，タイトルを除いて，「経済学ではない」というものでした。伝統的シカゴ学派のスティグラーの目から見れば，価格メカニズムを使わないマッチングは，経済学として認められない存在だったのです。

　ロスは，1998 年に，ハーバード大学に移籍し，そこで，小島武仁（現在，スタンフォード大学准教授）を含む，多くの俊英を育成しました。2012 年にノーベル経済学賞を受賞した後，2013 年には，スタンフォード大学に移籍しました。ノーベル経済学賞を受賞した後の一番の驚きは，日本の空手協会から，名誉 7 段を贈位されたことだそうです。

（２）学問業績

　ロスが大きな貢献を残したマッチングについて，解説しましょう。マッチングとは，二つのグループに属する個人や組織が，相手に対する希望順位を表明し，その順位にもとづいて，組み合わせを決定する仕組みのことです。ここで，次のような選好を持つ三つの病院と３人の研修医を考えましょう。

病院 A	第一位	X	第二位	Y	第三位	Z
病院 B	第一位	Y	第二位	X	第三位	Z
病院 C	第一位	X	第二位	Y	第三位	Z
研修医 X	第一位	A	第二位	B	第三位	C
研修医 Y	第一位	C	第二位	B	第三位	A
研修医 Z	第一位	C	第二位	A	第三位	B

　それでは，病院の選好を優先して，マッチングさせていきます。病院Aと研修医Xは，それぞれ，第一位ですので，(A, X) でマッチング成立です。次に，病院Bは研修医Y，病院Cは研修医Xを第一希望としていますが，研修医Yと研修医Zは病院Cを希望しています。マッチングは成立しません。しかし，病院Bが第一希望とする研修医Yは，病院Bを第二希望としていますので，(B, Y) でマッチング成立です。病院Cが第二希望とする研修医Yは病院Bとマッチングしているので，マッチングは成立しません。結局，病院Cが第三希望とする研修医Zが，病院Cを第一希望としているので，(C, Z) でマッチング成立です。
　ここで，大きな問題が発生します。病院Cと研修医Yは，裏で密約を結んで，マッチングを破棄するインセンティブを持ちます。病院Cは第三希望のZよりも，第二希望のYの方が望ましい。研修医Yは第二希望

のBよりも，第一希望のCの方が望ましいからです。このような抜け駆けを許してしまうマッチングを，安定的ではないと言います。

　ロスとノーベル経済学賞を共同で受賞することになるシャプレーは，1974年の論文で，不安定性の問題を解決する「受入保留方式」を提案しました。この方式では，病院の第一希望からマッチングを調べていきますが，自分を第一希望にする病院が複数ある場合，研修医は一番上の希望順位の病院を保留して，第一希望の研修医に保留されなかった別の病院が指名してきた時に，そちらの病院が高い順位であれば，そちらに乗換えることができます。

　次に，どの研修医からも保留されていない病院の第二希望を調べます。病院から第二希望で指名された研修医は，一番希望順位が高い病院を改めて保留し直します（第一希望で指名した病院を，引き続き，保留しても構いません）。もしも保留から外された病院があれば，第二希望の研修医が自分の指名を保留してくれるか調べます。以下，同様に，病院の第三希望を調べます。

　それでは，受入保留方式を使って，マッチングを調べてみましょう。病院Aと病院Cは研修医X，病院Bは研修医Yを指名します。指名された研修医Xは希望順位の高い病院A，研修医Yは病院Bを保留します。第一希望の研修医に保留されなかった病院Cは，第二希望の研修医Yを指名します。研修医Yは病院Bを保留していますが，希望順位の高い病院Cに乗換えます。

　保留から外された病院Bは，第二希望の研修医Xを指名します。研修医Xはすでに高順位の病院Aを保留していますので，乗換えません。やむを得ず，病院Bは第三希望の研修医Zを指名し，研修医Zは初めての指名なので，病院Bを保留します。

　その結果，(A, X), (B, Z), (C, Y) というマッチングが実現します。

このマッチングは，いかなる抜け駆けをも許さないという意味で，安定的なのです。

（3）現代的意義

ロスは，受入保留方式を用いて，実際のさまざまな社会問題を解決しています。アメリカでは，1900年前後から，研修医制度が始まっていましたが，当初のマッチングは個々の病院と研修医の交渉で行われていたようです。これでは，まとまる話もまとまるはずがありません。次に起ったのは，病院が有望な研修医を何年も前から囲い込む青田買いです。

こうした混乱を反省して，1951年に，病院と研修医の希望順位に従って，マッチングをする制度に移行しました。この時に，非常な幸運なことに，受入保留的な方式が，大きな理論的な背景もないまま，採用されていたことから，かなり安定的なマッチングが実現していました。

他方で，イギリスでも，病院と研修医のマッチングの仕組みを導入していましたが，一部の地域では，受入保留方式ではないマッチング制度だったために失敗に終わっています。

しかし，細かい点を見れば，アメリカの病院と研修医のマッチング制度には改善すべき点があったようです。1995年に，ロスは，アメリカの病院と研修医のマッチング制度を改善するように要請を受けました。そこで，ロスは，カップルである研修医を同じ病院に勤務させるためにはどうすれば良いのかといった問題を解決するための改善ルールを提案しています。

日本の病院と研修医のマッチングも，受入保留方式を取り入れ，2004年から始まりました。それ以前の日本の研修医制度は，医局制度といって，大学医学部のボス教授が研修医の割り当てに強い権限を持っていました。医局制度からマッチング方式に移行して，一つ困ったことが起き

ています。昔は，ボス教授の命令で，僻地病院にも医師が派遣されていたのですが，マッチング制度導入以降は，大都市の大病院に研修医の人気が殺到し，地方病院を希望する医師はいなくなりました。この点について，2009年以降，受入保留方式に都道府県の地域定員を設ける仕組みを導入しましたが，どうやらこの方式は安定性を満たさないようで，今なお，試行錯誤が続いています。

病院と研修医の他にも，マッチングの応用例があります。有名なのが，学校選択マッチングです。通常の義務教育は，校区制度が設けられ，生徒は自分の通いたい学校を自由に選べません。学校選択制度は，生徒が自由に行きたい学校を選ばせようという制度です。ロスは，研修医マッチング問題を解決した後，ボストン市のマッチング方式の改善に従事しました。ボストン市の学校選択制度は，悪名高い早い者勝ちでした。しかし，経済学者達の活躍で，ボストン市の学校選択制度は，2005年から，受入保留方式へ移行することになりました。

日本でも，現在，一部の地域で，学校選択制度が認められています。公立私立の格差，いじめ問題等，日本の教育制度には，多くの問題が指摘されており，学校選択制度を導入することで，生徒の希望を叶えてあげることは，硬直的な学校を魅力的なものにする一助となるでしょう。しかし，その際，受入保留方式を活用して，マッチングの安定性を検討する必要があり，学校選択制度の導入が公教育の混乱に拍車をかけることがあってはなりません。

図書案内

スミス自身の著作はありませんが，スミスの実験経済学誕生の経緯を著した次の著作が推薦されます。

ロス・M・ミラー，川越敏司，望月衛（訳）（2006）『実験経済学入門：完璧な金融市場への挑戦』日経BP社．

ヴィックレー自身のオークションにかかわる著作はありませんが，次のような専門書が翻訳されています。

ウィリアム・スペンサー・ヴィックリー（2016）『限界費用価格形成原理の研究Ⅱ（日本交通政策研究会研究双書）』勁草書房．

ロス自身によるマッチングの解説書として，以下の著作があります。

アルビン・E・ロス，櫻井祐子（訳）（2016）『Who Gets What（フー・ゲッツ・ホワット）；マッチメイキングとマーケットデザインの新しい経済学』日本経済新聞出版社．

学習のヒント

1．実験経済学の歴史的発展をまとめてみましょう。
2．オークションがどのように役立っているのかを，まとめてみましょう。
3．マッチングがどのように役立っているのかを，まとめてみましょう。

13 行動経済学の下克上
サイモン／カーネマン／セイラー

《本章のポイント》 最近の経済学の流行は，人間行動が合理性ばかりでは測れないという限定合理性の研究です。行動経済学とは，こうした限定合理的な人間の行動を研究する学問です。この研究の端緒を切り拓いたのがサイモンであり，ヒューリスティクスと呼ばれる経験則を提唱しました。さらに，限定合理性を心理学の立場から肉づけし，行動経済学という新しい学問分野を確立したのがカーネマンです。そして，セイラーは，異端派と思われた行動経済学を学界の主役に仕立て上げました。2002年に行動経済学分野にノーベル経済学賞が受賞されて以降，行動経済学ブームが巻き起こり，書店に行くと沢山の行動経済学の解説が並んでいます。人間は理性だけでなく，感情に左右される存在であり，心理学的要因が重要だというメッセージが世間で受けたようです。

《キーワード》 限定合理性，プロスペクト理論，ナッジ

1. ハーバート・A・サイモン（Herbert A. Simon）

受賞	1978 年
生まれ	1916 年 6 月 15 日
死亡	2001 年 2 月 9 日
国籍	アメリカ
受賞時所属先	カーネギーメロン大学
受賞理由	経済組織内部の意思決定プロセスへの貢献

（1）生い立ち

サイモンは，現代の万能人です。カバーする学問範囲は経済学，政治学から，心理学，人工知能，経営学，組織論，言語学，社会学，システム科学まで及びます。そして，行動経済学という新しい学問に対しても，サイモンの貢献は大です。

サイモンは，1916年に，アメリカのウィスコンシン州で生まれました。父親はドイツ生まれの電気技師，母親はピアニストでした。夕食時に，政治や科学について家族で議論したといいます。母方の親族に，ウィスコンシン学派の経済学者がいたことが，サイモンの経済学への興味を育てました。

ハーバート・A・サイモン
写真提供：ユニフォトプレス

サイモンは，1933年に，シカゴ大学に入学し，経済学や政治学に興味を持ち，人間科学を数理化する研究を志しました。サイモンは，シカゴ大学の大学院に進学しながら，UCバークレー校でオペレーションズ・リサーチのプロジェクトにも参加し，1942年に，政治学の博士号を取得しました。同時に，イリノイ工科大学で教職をとり，シカゴ大学のコールズ財団でも研究も行い，数理経済学研究に関する論文も書きました。

サイモンにとって転機になったのは，1949年に，コンピューター科学に強いカーネギーメロン大学に移籍し，行動科学や組織科学の研究に着手したことです。次第に，伝統的経済学から離れ，コンピューター科学

の知見に取り組みます。そこで，限定合理性という概念にたどりつき，人工知能の先駆的研究も行いました。こうした研究業績に対して，1975年に，チューリング賞，1978年には，ノーベル経済学賞を授与され，2001年に，ピッツバーグで亡くなりました。

（2）学問業績

　人間の合理性には，限界があります。例えば，人間の記憶には間違いがあるし，計算違いも頻繁にします。この当たり前の事実を正面から取り上げ，学問体系にまで仕上げたのがサイモンです。

　サイモンは，1957年の「合理的選択の行動主義的モデル」という論文の中で，人間の合理性には限界があることを，「限定合理性」と名づけました。限定合理性とは，人間の認知能力と計算処理能力には限界があるので，最も高い効用を探す最大化は成り立たず，せいぜい十分だという満足化に甘んじるというものです。

　伝統的経済学では，意思決定プロセスを次のように分解します。

① 選択肢集合を定義するプロセス。
② ある選択肢を選んだときの結果を想定するプロセス。例えば，確率○○％で，□□の結果が生じるとします。
③ 効用が最大となる選択肢を選ぶプロセス。

　例えば，あなたが海外志向の強い大学生として，就職か留学か迷っているとしましょう。もう4年生。折からの不況で，家庭に経済的余裕はないので，留学するには奨学金をもらわないといけない。第一希望の大学から奨学金をもらえる確率は20％くらい。道は険しい。

　就職をする場合，二つの選択肢があります。留学をあきらめて，今す

ぐ就職活動を始めれば，大学推薦で有力な外資系企業から内定をもらえます。留学が出来なくても，外資系企業に就職できるなら悪い話ではありません。留学に失敗してから，就職活動をしても，まともな就職先は残っていません。その時は，二次募集で，不本意な就職先しか残っていません。

　このような状況の時に，あなたはどのような選択をするべきでしょうか。大きなリスクを背負い，留学を目指すべきでしょうか。留学試験を受ける効用を次のように書くことができます。

0.2×奨学金付きで留学する効用＋0.8×二次募集で就職する効用

　効用の前にかかっている数字は，状態が実現する確率です。この確率で加重した効用の期待値が，留学を諦め，外資系企業に就職する時の効用よりも大きければ，留学試験を受験し，小さければ留学受験しないのが合理的な選択です。

　しかし，生身の人間の合理性は限定的です。

　第一に，選択肢は外から与えられるのではなく，人間が自ら発見するものです。例えば，大学4年生の例で言えば，選択肢は2つに限られたものではなく，試行錯誤の末に見つけるもの。外資系企業に勤めながら，貯金をして留学のチャンスを探す道もあるでしょう。

　第二に，選択肢と結果の間の関係は確定的ではありません。本人の努力次第では，奨学金獲得の確率は20％から30％，40％と上げられるかもしれません。

　第三に，人間は期待効用を最大化するとは限りません。期待効用は低くても，自分の夢を選ぶチャレンジャーもいます。

　第四に，人間は結果だけ気にするものではありません。結果までのプロセスこそ大切なのです。望んだ結果が得られなくても，最善を尽くし

たならば，満足できるかもしれません。

　サイモンは，問題解決の選択肢を発見するプロセスこそ，研究すべきであると考えました。選択肢の発見には，時間と費用がかかるので，人間は簡便な経験則を用いて，満足のできる選択肢の発見に努めるのです。この簡便な経験則を，サイモンは，「ヒューリスティクス」と呼びました。

（3）現代的意義

　サイモンの限定合理性は，行動経済学で受け入れられました。限定合理性は人間の一時的な錯誤ではない点が重要です。この点を，「進化心理学」の立場から説明しましょう。

　進化論によれば，自然淘汰の結果，生物は食物や配偶者の獲得，生命の危険からの回避といった環境への適応をしながら進化をしてきました。このような進化を通して，我々の体と心には，祖先が生存に有利だった痕跡を留めています。種と個体の生存に有利な体と心の機能を，進化論的に合理的と呼びます。

　しかし，原始生物から人類に至るまでの進化プロセスは，多段階かつ不連続ですから，ある時の環境適応と別の時の適応が，同じ機能を必要とするとは限りません。時には，異なる機能が葛藤し，総合的に見て効率的ではない機能が残る可能性もあります。こうした進化のメカニズムから，人間心理を理解する学問を進化心理学と呼びます。

　なぜ合理性が破綻するのかを理解するためには，伝統的経済学が見逃してきた感情の役割に注目しなければなりません。進化心理学では，感情の進化論的合理性に注目し，感情反応が自然淘汰によって遺伝的に埋め込まれたと考えます。

　例えば，恐怖は人間の基本的感情ですが，危険を減らしたり，生存に

有利なように，人間行動を方向づける「ソマティック・マーカー（身体的目印）」だと考えられます。人間が共有する暗闇に対する本能的恐怖は，遠い祖先が遭遇したさまざまな危険の記憶として理解できます。

しかし，人間は，火や電気という文明の利器を用いて暗闇を克服してきました。ネオン溢れる現代の都市において，暗闇は存在せず，夜道に猛獣に襲われる危険はなくなりました。そうした環境において，暗闇への恐怖は役立たずの残照と言えるでしょう。

つまり，進化論的合理性は時代と共に変遷し，環境変化と共に，進化論的に非合理になることもあります。合理性から逸脱する心理も，瞬時のソマティック・マーカーなのです。感情が理性よりも先立つ訳です。

2. ダニエル・カーネマン（Daniel Kahneman）

受賞　　　　　2002 年
生まれ　　　　1934 年 3 月 5 日
国籍　　　　　イスラエル・アメリカ
受賞時所属先　プリンストン大学
受賞理由　　　行動経済学と実験経済学への貢献

（1）生い立ち

行動経済学の創設者として，サイモンの仕事を発展させたのはカーネマンです。ただし，カーネマンは，経済学者ではなく，心理学者です。昔は行動経済学と呼ばれずに，経済心理学と呼ばれていましたし，今でも，そちらの方が，学問的内容をよく表すように思います。

カーネマンは，1934 年に，イスラエルのテル・アヴィヴで生まれました。父親は化学工場の主任で，一家はフランスのパリに住みました。しかし，第二次世界大戦で，ナチスドイツの侵攻を受け，ユダヤ人一家の

ダニエル・カーネマン
写真提供：ユニフォトプレス

運命は暗転します。

この頃のエピソードがあります。ある夕方，カーネマン少年は，ユダヤ民族のシンボルであるダビッドの星を裏返しに着ていたのですが，ユダヤ人から蛇蝎のように恐れられていたドイツ人親衛隊が，前からやってきました。カーネマンは，見つからないように，必死に裏返しのダビッドの星を隠そうとしましたが，ドイツ人兵士はどんどんやってきます。ドイツ人兵士はおもむろに，自分の財布から息子の写真を親しげに見せ，いくばくかのお金をくれたといいます。

カーネマンは人間とは複雑で面白いと感じたといいます。こうして，カーネマンは，心理学に興味を持ったのです。

　大戦後，カーネマン一家は，パレスチナに移住し，エルサレムのヘブライ大学で心理学と数学を学びました。その後，兵役に就き，奨学金でアメリカに留学し，1958年，UCバークレー校で博士号を授与されました。

　その後も，ヘブライ大学で教鞭を執りながら，欧米を行き来します。この間，重要な出来事は，ヘブライ大学の同僚であるエイモス・トヴァスキーとの共同研究です。夜型のトヴァスキーと朝型のカーネマンの共同研究は，ランチから始まり，午後までずっと続きました。しかし，最初のうちは，彼らの限定合理性の研究は，合理的な立場から受け入れら

れませんでした。しかし，次第に風向きが変わり，ヒューリスティクスの論文が1974年に科学誌「サイエンス」に，プロスペクト理論の論文が1979年に経済学誌「エコノメトリカ」に掲載されました。この二つの業績が，ノーベル経済学賞の受賞に結びつきました。

その後，カーネマンは，活躍の舞台をカナダ・アメリカに移し，ブリティッシュ・コロンビア大学，UCバークレー校を経て，最終的に，プリンストン大学教授となりました。2002年に，ノーベル経済学賞を授与されましたが，残念ながら盟友トヴァスキーは，1996年に，病気で死去したために，共同受賞はかないませんでした。

（2）学問業績

ヒューリスティクスを多面的に発展させ，行動経済学と呼ばれる新しい学問を築いたのが，カーネマンです。カーネマンの研究は，1982年に出版された『不確実性下の判断：ヒューリスティクスとバイアス』によって知られています。

ヒューリスティクスは，経験則と言われます。人間の認知や情報処理の能力には限界があるので，効用を最大化する余裕はありません。そこで，「満足化原理」に従い，直感的に意思決定を行うのです。しかし，ヒューリスティクスは単なるでたらめではないのです。

最適解と現実解の乖離には，体系的な法則性があります。これを「バイアス」と言います。カーネマンは，三つの代表的なバイアスを紹介しています。第一のバイアスは代表性です。「代表性バイアス」とは，人間が判断する際に，確率法則に従わず，サンプルAがタイプBにどのくらい似ているかという基準に依存する傾向を表します。

例えば，A子さんは35歳，結婚して5年，明るく社交的。留学してMBAも持っています。このとき，A子さんは1児の母親でありながら，

キャリアウーマンだという確率が，1児の母親だけの確率よりも高く見積られます。本当は，前者は後者の部分集合なので，前者の確率の方が低いのです。

第二は，想起しやすさです。「想起しやすさバイアス」とは，心に思い浮かびやすい事象を過大な評価する傾向を表します。

例えば，3文字目に流の字を使う四字熟語を挙げてもらうときに，○○流転という条件と○○流○という条件を付けると，より制約的である前者の方が熟語を思いつきやすいのです。生々流転の他にも，不易流行，行雲流水等，3文字目に流の字を使う熟語があります。

第三は，係留です。「係留バイアス」とは，人間が最終的な解答を得る過程で，初期情報に依存し，出発点と目標点の間で調整できないことを表します。

例えば，質問1では，富士山の標高は3,000mより上か下か聞いた後に，富士山の標高は何mかを問います。質問2では，富士山の標高は4,000mより上か下か聞いた後に，富士山の標高は何mかを問います。富士山の標高は3,776mですが，最初の質問情報に引きずられ，質問2の方が質問1よりも高目の回答になります。

こうしたバイアスの研究を発展させて，カーネマンは，「プロスペクト理論」と呼ばれるモデルを提案しました。これは利得の価値判断と主観的確率判断の二つから成り立つモデルです。

まず，利得の価値判断から見ていきましょう。利得には参照点と呼ばれる判断基準があり，利得の価値は参照点からの乖離によって測られます。

確実に100万円もらえる選択肢1と，高い確率80%で200万円もらえるが，小さな確率20%で何ももらえない選択肢2を比べてみましょう。多くの人は選択肢1を選ぶ傾向があります。プロスペクト理論では，利

得の価値は，金額の絶対値ではなく，参照点からの乖離として評価されます。ここで参照点を選択肢1の100万円とすると，選択肢2の利得で100万円と200百万円の乖離100万円はそれほど大きいと知覚されないのに，損失で100万円と何ももらえないことの乖離100万円は大きく知覚されます。これを，「損失回避性」と言います。

　次に，主観的確率判断を見てみましょう。低確率の領域では，確率が過大評価され，高確率の領域では，確率が過小評価されます。さらに，確率0と1の近傍では確率判断には不連続性が見られ，確率1の確実性が特別に重視されます。先ほどの例では，選択肢1の確率1で100万円もらえる確実性が高く評価され，選択肢2の200万円の高い確率80%は過小評価，何ももらえないという小さな確率20%が過大評価されます。これを，「確実性効果」と言います。

　こうした損失回避性と確実性効果から，プロスペクト理論は人間の限定合理性をよく説明します。

(3) 現代的意義

　カーネマンの行動経済学が，現在どのような方向へ発展しているかを解説しましょう。行動経済学の分野では，「アノマリー（例外）」には，生理学的根拠があると考えています。近年，機能的磁気共鳴画像（fMRI）のようなニューロイメージング装置が開発され，脳機能のマッピング（地図化）が可能です。こうした研究分野を，「ニューロエコノミクス」と呼びます。

　慎重な行動と衝動的行動は脳の異なる部位が関係するなど，脳機能の理解が進んでいます。一人の人間でも，慎重な行動と衝動的な行動が共在し，個人内葛藤と呼ばれています。最近の脳科学では，脳の中では，複数の脳機能が時には葛藤するようです。

P・D・マクリーンは，基本的な脳のモデルを提供し，人間の脳は三つの部位からなると考えました。

- 爬虫類の脳（中心部）：基本的欲求，学習や記憶を受け持つ部位。
- 古い哺乳類の脳（大脳辺縁系）：闘争，採食，防衛，社会性，感情に関わる部位。
- 新しい哺乳類の脳（大脳新皮質）：目，耳，体表の情報処理，高次の心的機能に関わる部位。

灰白質とも呼ばれる大脳新皮質は，霊長類，人類で最も発達しました。人間の脳内では，爬虫類や古い哺乳類の脳の外側に，新しい哺乳類の脳が覆いかぶさり，異なる行動原理を持ちます。合理的行動が大脳新皮質に根ざす一方で，限定合理性が辺縁系と皮質系に由来すると考えられます。

最近の脳科学では，脳のどの部位が活性化するのか，fMRIを用いて観察します。不確実性が大きい場合，前頭葉の最下部にあたる扁桃体等の大脳辺縁系が活性化します。そこは，不安感情にかかわります。不確実性が小さい場合，報酬系の一部である尾状核が活性化します。尾状核は，期待値の大きさに反応します。

ニューロエコノミクスの研究が始まって20年と短いですが，限定合理性を進化論的合理性として説明づけることができるかもしれません。

3．リチャード・H・セイラー（Richard H. Thaler）

受賞　　　2017年
生まれ　　1945年9月12日
国籍　　　アメリカ

受賞時所属先　シカゴ大学
受賞理由　　行動経済学への功績

(1) 生い立ち

　自らをぐうたら者という行動経済学のパイオニア。しかし，経済学者のセイラーがいなければ，カーネマンとトヴァスキーの経済心理学は心理学のままで，行動経済学の誕生はなかったかもしれません。セイラーが伝統的な経済学に大きな疑問を持ったのは，彼がアメリカのロチェスター大学の大学院生の頃だったと言います。

　セイラーはカーネマンとトヴァスキーの1974年の論文を読み，たちまちに魅了されました。1977年，セイラーは，カーネマンとトヴァスキーが滞在していたスタンフォード大学まで「追っかけ」をしました。スタンフォードに滞在する道を見つけたセイラーは，何とか二人に出会いますが，柄にもなく緊張してしまい，その時の記憶がないと言います。しかし，セイラーは，二人がプロスペクト理論を一字一句議論しながら，完成させる瞬間に立ち会うことができました。

　駆け出しの経済学者にとって，合理的経済人の踏み絵に抵抗することは，キャリア上のリスクをとることに他なりませんでした。何とか，コーネル大学に職を得たセイラーは，苦労しながらも，セルフコントロールの理論を発表し，次第に注目される存在となっていきます。そんな折の1985年，大事件が起こります。合理性を重視する主流派経済学の牙城であるシカゴ大学のビジネス・スクールが，合理主義者と行動主義者を集めて対決する会議を開催したのです。合理主義の巨匠は，後に全員がノーベル経済学賞受賞者となるロバート・ルーカス，マートン・ミラー，ユージン・ファーマでした。そこで，セイラーは，堂々と自説を展開します。大分，度胸がついていたのでしょう。

リチャード・H・セイラー
写真提供：ユニフォトプレス

そして，1995年，セイラーはシカゴ大学ビジネス・スクールに招聘されます。この移籍はすんなりと決まったわけではなく，相当な反対もあったようです。しかし，一番の反対者のミラーは，最後はこう言って折れました。「どの世代にも，間違った者が必ずいるものだ」と。興味深い言葉です。人間の限定合理性が，主流派経済学者にも，幅広く認められている現在，間違っていたのがセイラーなのか，それともミラーなのか，やがて時が答を出してくれるでしょう。

（2）学問業績

ここでは，セイラーの主要貢献である「心理会計（メンタル・アカウンティング）」を解説しましょう。伝統的な経済学の考え方によれば，合理的な人間は，1円あたりの心理的満足度（限界効用）が，各費目間で均等化するように，消費・投資・貯蓄の意思決定を行います。しかし，セイラーは，お金にはあたかも色づけがあり，人間はお金を心の中の勘定項目で仕分けすることを主張しました。例えば，額に汗して手に入れた勤労所得は大切に扱い，中でも貯蓄勘定項目に仕分けられたお金にはなるべく手を付けない一方で，思いがけずに手に入れたボーナスは割と気軽にどうでも良いことに支出してしまいます。人間行動は必ずしも最適ではないのです。

次のような三つのギャンブルに関する選択問題を考えましょう。

問題1　あなたは30ドル勝ったばかりだ。さらに，50％の確率で10ドルもらえて，50％の確率で10ドル失うギャンブルに乗るか。
問題2　あなたは30ドル負けたばかりだ。さらに，50％の確率で10ドルもらえて，50％の確率で10ドル失うギャンブルに乗るか。
問題3　あなたは30ドル負けたばかりだ。さらに，33％の確率で30ドルもらえて，67％の確率で30ドル失うギャンブルに乗るか。

　多くの人の選択はこうです。問題1では，30ドル勝ったばかりで，10ドルくらい負けても惜しくないと思い，ギャンブルに乗る人が多い。問題2では，30ドル失ったばかりで，10ドル負けて，これ以上，傷口を広げたくないという心理が働き，ギャンブルを控える人が多くなります。興味深いのは問題3です。意外なことに，ギャンブルに乗る人が過半を超えるのです。ギャンブルで30ドル負けてしまったことへの後悔が残り，何とかブレークイーブンにまで戻したいと思ってしまうのです。こうした負け分を相殺したいというギャンブラーの経済心理も，心理会計の一種なのです。人間の心は，分かりやすくて，複雑ではないでしょうか。

（3）現代的意義

　行動経済学の政策観は，「ナッジ」と呼ばれます。ナッジは「ひじで突っつく」という意味で，セイラーとハーバード大学の法学者のキャス・サンスティーンが提唱し，人が何かを選択をする際，より良い選択に繋がるように促す工夫です。
　ナッジが最も効果を発揮したケースが，臓器移植の同意です。臓器を

摘出するには，二つの方法があります。一つは，死亡した人が生前，臓器移植に同意すると意思表示している場合に限り，その臓器を摘出できる「オプトイン方式」。もう一つは，生前に反対意思を表示していない場合に摘出できる「オプトアウト方式」です。日本はオプトイン方式を採用しています。

人間が合理的に行動する存在ならば，オプトインでもオプトアウトでも，結果は同じになるはずですが，実際には，デフォルト（選択肢の初期値）の回答をオプトイン＝「同意しない」にするか，オプトアウト＝「同意する」にするかで，結果に大きな差が現れることが知られています。

例えば，欧州諸国では，オプトインを採用している国では，同意率は4〜28％と低水準にとどまっている一方で，オプトアウトを採用している国では，同意率は86〜100％ときわめて高水準に上ります。

このナッジの効果に着目し，もっと広い範囲で活用しようとする動きが，世界各国の政府に広がっています。特に，有名なのは英国です。2010年5月に発足したキャメロン政権は，セイラー氏の協力を得て，内閣府の下に「行動洞察チーム（ナッジ・ユニット）」を組織しました。米国でも，同時期に，サンスティーン氏が支援する同様のチームが発足しました。

日本でも，環境省が日本版ナッジ・ユニットを立ち上げており，家庭で省エネ・節電が進むよう誘導する計画です。消費者庁も，徳島市に消費者行政新未来創造オフィスを設置し，行動経済学の知見を活かした消費者教育などを展開する方針です。

ただし，ナッジに対して，冷めた見方をしている経済学者が少なくありません。「ナッジは効くが，その効果は小さく，長続きもしない」と考えているのです。ナッジには2種類のアプローチがあります。臓器移植

はデフォルトを変えただけで，「自分で選択するのはめんどうくさい」という人間の惰性を利用しています。効果はあったが，何かを気づかせ意識を変え，行動変容を引き起こしたわけではありません。

　一方，節電要請は，それを見た人の意識を変え，節電するという行動変容を起こそうと狙ったナッジです。メッセージを受け取った当初は節電をしてくれるが，やがて刺激に慣れて，効果がなくなってしまいます。これを心理学では，「馴化（じゅんか）」と呼びます。上述したように，人間は，もともと，合理的に行動しない存在なのです。経済学は，心理学の知見を活かして，発展しています。

図書案内

　サイモンの著作は，多数，翻訳されています。ここでは，サイモンの人生と学問が分かりやすい2冊をあげます。
ハーバート・A・サイモン，宮沢光一訳（1970）『人間行動のモデル』同文舘出版.
ハーバート・A・サイモン，安西祐一郎，安西徳子訳（1998）『学者人生のモデル』岩波書店.
　カーネマンの経済学を学ぶためには，ノーベル賞受賞後に出版された2冊が推薦されます。
ダニエル・カーネマン，友野典男・山内あゆ子訳（2011）『ダニエル・カーネマン心理と経済を語る』楽工社.
ダニエル・カーネマン，村井章子訳（2014）『ファスト＆スロー：あなたの意思はどのように決まるか？』ハヤカワ・ノンフィクション文庫.
　また，次の本は，カーネマンが盟友エイモス・トヴァスキーとどのように行動経済学を作り上げたかを描いたノンフィクションです。
マイケル・ルイス，渡会圭子訳（2017）『かくて行動経済学は生まれり』文藝春秋.
　最後に，セイラーの経済学ですが，セイラーの人生と学問が分かりやすい2冊をあげたいと思います。
リチャード・セイラー，篠原勝（訳）（2007）『セイラー教授の行動経済学入門』ダ

イヤモンド社.
リチャード・セイラー，遠藤真美（訳）(2016)『行動経済学の逆襲』早川書房.

1．限定合理性についてまとめてみましょう。
2．ヒューリスティクスについてまとめてみましょう。
3．ナッジについてまとめてみましょう。

14 経済学の未来を担う大器 クラーク賞の受賞者達

《本章のポイント》 ノーベル経済学賞は，通常，受賞理由となる研究業績が出版されてから，約30年後に授与されます。したがって，ノーベル経済学賞受賞者は皆，高齢で遠い昔の仕事を顕彰されるわけです。もう少し最近の卓越した研究業績の持ち主を知るには，どうしたらよいでしょうか。最も良い方法は，アメリカ経済学会が，40歳以下の優れた経済学者に与えるクラーク賞の受賞者の足跡をたどることです。実際に，クラーク賞の受賞者の多くが，ノーベル経済学賞を受賞しています。
《キーワード》 実証経済学，構造推定，フィールド実験

1. クラーク賞の歴史

（1）ノーベル賞よりも難しいクラーク賞!?

　ジョン・ベイツ・クラーク賞（John Bates Clark Medal）は，アメリカ経済学会が1947年に創設し，2009年までは隔年で，2010年以降は毎年，40歳以下の優れたアメリカの経済学者に対して，授与している経済学賞です。ジョン・ベイツ・クラークは，19世紀に活躍したコロンビア大学教授に因んでいます。

　記念すべき第1回受賞者（1947年）は，サミュエルソン。その他，フリードマン（1951年），トービン（1955年），アロー（1957年），クライン（1959年），ソロー（1961年），ベッカー（1967年），マクファデン（1975年），スティグリッツ（1979年），スペンス（1981年），ヘックマ

ン（1983 年），クルーグマン（1991 年）と，総計 12 名のノーベル経済学賞を輩出しています。

　サミュエルソンからクルーグマンまで，クラーク賞受賞者 20 名中，ノーベル経済学賞受賞者 12 名というのは凄まじい受賞率です。ノーベル賞が毎年の受賞で，複数受賞者も珍しくないのに対して，クラーク賞が隔年で，1 名の受賞者でしたから，ノーベル賞よりも，クラーク賞の方が難しいというのもあながち大げさではありません。本章では，1991 年のクルーグマン以降，クラーク賞受賞者の研究の傾向を解説しましょう。

（2）1990 年代のクラーク賞に見る実証革命

　先ず，とっかかりとして，1990 年代のクラーク賞をレビューしてみたいと思います。1990 年以前のクラーク賞受賞者で，後にノーベル経済学賞を受賞した大経済学者の研究のほとんどは，高度な数学を使った理論研究でした。たまに，計量経済学研究の受賞者がいたにしても，基礎理論の研究が中心です。傾向の変化があったのは，1995 年受賞のデヴィッド・カード以降です。そこらあたりの事情を説明してみたいと思います。

　失業者に対して，再教育を与える政策プログラムの効果を測りたいと思います。この時，政策プログラムの希望者に介入を行うと，やる気のある人だけが介入を受けるトリートメント・グループに，やる気のない人だけがコントロール・グループに割り当てられてしまいます。当然，トリートメント・グループとコントロール・グループの間の失業率を比較すると，介入の効果は非常に大きく出てしまいます。第 4 章で説明したヘックマンの言う「自己選抜バイアス」です。

　経済学では，自己選抜バイアスを取り除くための沢山の手法が考案されてきました。有名な方法に，観察されたデータを用いて，自己選抜の結果である内生的説明変数とは相関しても，誤差項とは相関しない操作

変数（IV）を見つけて，二段階で回帰する「IV 法」があります。理想的には，医薬の治験のように，トリートメント・グループとコントロール・グループの間でランダムに割り当てる「無作為比較対照法（RCT）」を用いて，政策効果を測定することです。当初，実験ができないと言われた経済学ですが，2000 年以降には，RCT を用いたフィールド実験がブームとなっています。

観察されたデータに対する IV 法と実験データを用いた RCT の中間には，人為的ではないものの，偶然，何かのきっかけでランダムな割当ができている場合があります。これを「自然実験」と呼び，政策効果の識別に利用することもあります。

もう一つの自己選抜バイアスのとり方は，消費者や企業の行動を，理論モデルを用いて記述し，最適化行動の結果を均衡として記述し，観察データを用いて，政策効果を同定することです。このようなアプローチを，「構造推定」と呼びます。構造推定では，理論モデルの力を借りて，ある経済主体の実現した状態と実現しなかった状態を比較して，反実仮想的な政策効果を知るわけです。

このように，1990 年以降，IV 法，RCT，自然実験，構造推定等，さまざまな新しい実証方法が考案され，政策効果の同定に著しい進歩が見られました。多くのクラーク賞受賞者が，ミクロ計量経済学と呼ばれる分野から輩出されました。理論から実証へ，20 世紀から 21 世紀にまたがって，経済学の大きな方向転換があったのです。この傾向は，モノのインターネット（IoT）というセンサー技術の発達で，パーソナルなビッグデータが入手可能となった現在，しばらく続くと思います。さらに，機械学習，深層学習等，ビッグデータの相関関係を統計的に分析する人工知能とも融合していくことでしょう

20 世紀には，しばしば，「経済学は役に立つか」という問が投げかけ

られました。今や,経済学は,理論的発展の上に立ち,さらに,実証的応用力を身に付け,社会のニーズに応える実学となっています。

2. クラーク賞に見る実証革命の担い手達

それでは,クラーク賞を受賞した実証経済学者を,紹介していきましょう。年代順は不同で,なるべく研究方法のつながりが分かるように,説明します。

(1) デヴィッド・カード (David Card)

受賞年　　　　1995 年
生まれ　　　　1956 年
博士号取得大学　プリンストン大学
受賞時在籍　　UC バークレー校
研究分野　　　労働経済学

カードは,卓越した実証センスで,IV 法や自然実験を駆使して,次々に斬新な研究を発表し,広い分野に適用できる因果効果の経済学への道筋を拓きました。一見,簡単に見える作業ですが,洞察力に満ちたリサーチ・デザイン,容易ではない新データの構築,そして,見事な政策インプリケーションの導出,どれをとっても一級品の業績です。

カードの優れた研究を紹介しましょう。第一に,カードは,カナダの労働組合を例に引いて,インフレーションと実質賃金の変化の関係を分析しました。そして,カードは,労働に対する右下がりの需要曲線を識別し,実質賃金における予想しない変化が,労働組合化された部門において,持続的な賃金変化をもたらすことを明らかにしました。この研究は「アメリカン・エコノミック・レビュー」に掲載され,カードの注意深い

識別戦略研究の嚆矢となりました。

　第二に、カードの最も有名で論争的な論文は、アラン・クルーガーとの共同研究で、最低賃金の引き上げが、雇用の減少につながったかどうかを分析しました。例えば、アメリカのいくつかの州のデータを使って、低賃金の傾向があった食品産業における最低賃金の引き上げを事例にとり、必ずしも雇用の悪化には結びついていないことを明らかにしました。このカードの発見は、しばしば最低賃金引き上げの賛成の論拠として、アメリカのみならず、世界中で影響力を持っています。

デヴィッド・カード
写真提供：ユニフォトプレス

　第三に、カードは、労働需要のみならず、移民、学校教育、労働プログラム等、労働供給の分野でも卓越した研究成果を残しています。カードは、1980年代のキューバからのボート移民が、マイアミ州の労働市場にどのような影響を与えたのかを研究しました。カードは、この難民流入が、マイアミ州の非熟練労働者の賃金に特に影響しなかったと結論しました。また、カードは、学校の質が、卒業後の所得にどのような影響を与えたのかも分析しました。そこで、アメリカの黒人と白人の賃金の格差の減少は、1960年代以降の学校教育の質の変化によるものだと結論づけました。

　このように、カードは、論争的な問題をわざと取り上げて、通説の真贋を因果的に分析し、次々と、そのいかがわしさを論破しました。実証

経済学の新しい歴史を作ったと言って良いでしょう。しかし，カード自身は，あまりに自分の研究が持ち上げられ，その後，最低賃金引き上げや移民の受入の錦の御旗となったことに対して警戒感をあらわにしています。

（2）スティーブン・レヴィット（Steven D. Levitt）

受賞年	2003年
生まれ	1967年
博士号取得大学	MIT
受賞時在籍	シカゴ大学
研究分野	社会経済学

　カードの精神を最もよく受け継ぎ，次々と論争的な社会問題に，実証経済学のメスを入れ，目の覚めるような結論を出したのが，レヴィットでしょう。レヴィットは，日本でもベストセラーになった『ヤバい経済学』シリーズの著者として有名です。例えば，日本の大相撲の千秋楽で7勝7敗の力士が，すでに勝ち越しを決めている8勝6敗の力士と対戦した時，その勝利確率が通常時の49%から，80%に跳ね上がることを明らかにしました。レヴィットは，力士の間の困った時はお互い様という「星の回し合い」があったと結論づけています。

　大相撲の話はさておき，レヴィットの名前を一躍高めたのは，犯罪の経済学の研究です。レヴィットは，投獄政策の変化が，想像されるよりもずっと大きな犯罪率への影響を持つことを明らかにしました。レヴィットは，アメリカの囚人の訴訟が大変混雑していることを利用して，訴訟の混雑度が，囚人数に影響を及ぼし，さらに，囚人数が犯罪率に影響を及ぼす因果性を分析しました。レヴィットによると，囚人の人権に配慮

して，ギュウギュウ詰めの監獄から釈放されると，その囚人はまた犯罪を起こしてしまうことを明らかにしたのです。その他，犯罪の検挙率が下がったことや刑罰が軽くなったことも，そして，面白いことに，テレビを沢山見ることも，犯罪の増加につながっているそうです。

シカゴ大学の同僚ベッカーは，その昔，犯罪の経済学を開拓し，犯罪者は自分の犯す犯罪の損得を

スティーブン・レヴィット
写真提供：ユニフォトプレス

比較考量すると考えましたが，レヴィットの研究結果はその方向の仮説を支持するようです。犯罪を防止するには，検挙率を高め，しっかり起訴して，重い罰を与えた方が良いのです。

その他，レヴィットは，自動車盗難警報機を車内に設置すると，自分の自動車が盗難に遭う危険性を減らすばかりか，地域社会全体の犯罪の抑止効果も持つこと，中絶を合法化すると，家庭でニグレクトされる子供の数の減少を通じて，犯罪の減少につながることも明らかにしました。経済学研究の若き俊英に与えられるクラーク賞の研究内容が，こんなに面白みや人情味に溢れているとは驚きです。

（3）マシュー・ラビン（Matthew Rabin）

受賞年　　　　　2001 年
生まれ　　　　　1963 年
博士号取得大学　MIT

受賞時在籍　　UC バークレー校
研究分野　　　行動経済学

マシュー・ラビン
写真提供：ユニフォトプレス

本章では，主に，実証経済学を中心に，最近の研究のブレークスルーを概観しています。ここで，傾向を変えて，行動経済学の理論家を紹介したいと思います。というのも，2000 年代に入って，実証経済学の中心が，伝統的な経済人（ホモエコノミカス）のモデルから，行動経済学的な限定合理性モデルに移ってきており，バイアスを説明する行動経済学のモデル化が重要になっているからです。

　行動経済学の分野では，すでに，サイモン，カーネマン，シラー，セイラーと多数のノーベル経済学賞受賞者が出ていますが，今日，行動経済学のエースと言えば，ラビンであることは衆目の一致するところです。

　ラビンの興味と研究は多方面に及びますが，「アメリカン・エコノミック・レビュー」に掲載された公平性の論文は，多くの反響を呼びました。独裁者ゲームと呼ばれる簡単な実験結果から，伝統的経済学が想定するよりもずっと，生身の人間は他人に対して利他的なことが分かっています。そこで，ラビンは，親切度関数と呼ばれる工夫を施して，実験結果をうまく説明することに成功しました。この関数によれば，人間は自分

に親切な者には親切に，自分に不親切な者には不親切になります。ラビンのモデルの優れたところは，単純な追加的仮定によって，賃金，ボランティア，買控え等，多くの人間行動の不思議を説明できることです。

その他，ラビンは，人間の問題先送りという時間上の非整合性を，自分自身の限定合理性をわきまえている「ソフィストケート」とわきまえていない「ナイーフ」の2タイプに分けて，沢山の選択肢があることが，かえって人間の満足水準を下げてしまう可能性を指摘しました。また，ラビンは，リスクの下での意思決定でも卓越した研究成果を残し，ほんの僅かでも損失のリスクがある場合に，大きな利得を犠牲にしてしまう人間の行動は，通常のリスク回避度だけではとても説明できずに，損失を過剰に嫌う損失回避性と支出を幾つかのカテゴリーに分けて考える心理会計から説明されるべきだとしました。

（4）エスター・デュフロ（Esther Duflo）

受賞年	2010年
生まれ	1972年
博士号取得大学	MIT
受賞時在籍	MIT
研究分野	開発経済学

デュフロは，際だった研究業績だけではなく，出版や政策分野での活躍も目立ち，近年，若手経済学者の中でも一際輝くスターです。フランス出身のデュフロの専門分野は開発経済学ですが，貧困，教育，医療といった諸問題に対して，RCTを駆使したフィールド実験を展開しています。一昔前に，実用性を意識した経済学者に「エンジニアとしての経済学者」といううたい文句がありましたが，デュフロは「配管工としての

エスター・デュフロ
写真提供：ユニフォトプレス

経済学者」を自任し，開発経済学のフィールド実験を専門としたJPALという組織を立ち上げ，社会問題の解決のために，八面六臂の活躍を続けています。また，デュフロの共著である『貧乏人の経済学』は，日本でもヒットしました。

デュフロは，発展途上国で，初等教育へのアクセスは改善したにもかかわらず，なぜ多くの子供たちが読み書きも割り算もできないままなのか，言い換えると，どうしたら子供達が学べるようになるのかと問うことから，フィールド実験を用いた研究を始めました。また，女性の地位向上に関する政治学の話題にも，鋭いメスを入れます。いくつかの研究を紹介しましょう。

第一に，デュフロは，途上国の女性の政治的リーダーが，地方政府の支出に対して，どのような影響を与えるのかを研究しました。その結果，女性が首長になると，地方政府は教育よりも，飲料水や道路等，生活への支出が多くなることが分かりました。

第二に，デュフロは，途上国の学校教育に注目し，専門的教育は受けていない教育アシスタント，コンピューターを使った数学プログラム，先生と生徒の比率の見直し，能力別学級制度の導入，教師の怠慢を防ぐインセンティブ，住民参加型の教育制度等，さまざまな介入プログラムの因果効果を明らかにしました。デュフロの指揮した多くの介入実験に

おいて，住民の学校参加度，教師の勤勉さ，生徒の学業成績にさほど効果がなかったと言います。思慮深く設計されたフィールド実験では，効果があるという結果も大切ですが，効果がなかったという結果も重要です。無駄なことを繰り返さないことが大切です。

　デュフロがブームを起こしたフィールド実験革命は，開発経済学のみならず，医療経済学，環境経済学，教育経済学等，さまざまな分野で大きな影響を与え，実証経済学における「黄金律」としての評判を確立しました。しかし，フィールド実験も万能ではありません。フィールド実験の運営には，莫大な費用がかかり，また，実験協力者に対する倫理的配慮も不可欠であり，結論の一般的妥当性にも留意しなくてはいけません。フィールド実験が成功した故の警鐘です。

（5）ラジ・チェティ（Raj Chetty）

受賞年	2013 年
生まれ	1979 年
博士号取得大学	ハーバード大学
受賞時在籍	ハーバード大学
研究分野	公共経済学

　チェティは，公共経済学の分野で，一際輝く早熟の天才です。チェティはインド系の移民ですが，19 歳でハーバード大学を卒業，23 歳で同じく博士号を取得して，西海岸の UC バークレー校の助教授となり，すぐに准教授に昇進しましたが，30 歳で母校ハーバード大学の教授となり，クラーク賞を受賞し，36 歳で再び西海岸のスタンフォード大学に引き抜かれました。目の眩むような人生です。

　簡単な問題を難しく解くのが凡人。難しい問題を難しく解くのが秀才。

ラジ・チェティ
写真提供：ユニフォトプレス

難しい問題を簡単に解くのが天才。真の天才であるチェティの論文は、難しい数式を多用しません。その代わり、因果性を識別する豊富なアイデア、行動経済学的な人間への深い洞察、ミクロ経済学とマクロ経済学をつなぐリンク、時には、フィールド実験の運営等、1990年代以降の実証経済学の発展を、最も総合的にまとめ上げた人物であろうと思います。

チェティが注目するのは、人間の不注意です。ここでいう不注意は、怠惰のためではなく、心理的なコストが発生するので、必要以上の注意は意図的に避けるという意味です。その結果、人間は介入に対して、過小な反応しか示さなくなります。いくつか、チェティの研究を紹介しましょう。

チェテイはデンマークの納税データを使って、なぜ労働者の労働弾力性は非常に小さいのかを調べました。第一の説明は、労働時間を切り詰めて、限界税率を下げるために、労働時間を変更したり、仕事を変えたりすることの調整コストが大き過ぎるからです。第二の説明は、雇用主が全体の税金支払を最小化するように、労働時間や賃金を決めるので、労働者の課税所得は限界税率の閾値に届かないからです。チェティは、丁寧に2つの説明を検討し、労働者は大きな税率の変化になら反応すること、企業は労働者の税払いを最適化するようにグループごとに束ねて

いることを発見しました。

　次に，チェティは，レジで課される消費税を目立つように，タグをつける介入を行うと，消費者の購入がどのように変化するのかを調べました。具体的には，街の雑貨店を使って，実際に比較的高額な商品に対して，タグをつけ替えるフィールド実験を行いました。その結果，消費者は，タグを目立つように付けることによって，大きく購買が減少することを発見しました。このことは，消費者が消費税に対して注意を向ければ知っているのに，何かを購買しようとする時には，消費税に注意を向けなくなることを意味しています。

（6）マシュー・ゲンツコウ（Matthew Gentzkow）

受賞年　　　　　2014年
生まれ　　　　　1975年
博士号取得大学　ハーバード大学
受賞時在籍　　　シカゴ大学
研究分野　　　　産業経済学

　ゲンツコウは，ミクロ経済理論と計量経済学を総合して，高度な構造推定を駆使して，産業経済学，特に，メディアと消費，教育，投票等の人間行動の関係を明らかにしました。ゲンツコウは，革新的な理論モデルと計量モデルの融合，貴重なデータの利用を通じて，経済学，社会学，政治学の学際的な新分野を開拓しているパイオニアです。

　第一に，ゲンツコウは，「エコノメトリカ」というトップジャーナルで，ニュース・メディアにおける政治的バイアスを研究しています。先ず，ゲンツコウは，新聞記事の内容を精査し，共和党寄りか，民主党寄りかに分類しました。次に，ゲンツコウは，こうして定義されたメディ

マシュー・ゲンツコウ
写真提供：ユニフォトプレス

アの偏向度を使って，新聞の需要関数を推定し，新聞社主のメディア偏向度の選択をモデル化しました。分析の結果，新聞の偏向度は，社主の好みというよりも，購読者の選好によって，説明されることが分かりました。

第二に，ゲンツコウは，オンライン上の「反響室」と呼ばれる同じような考え方の持ち主が集まって，隔離される傾向を研究しています。ゲンツコウは，インターネットの閲覧データを用いて，革新的または保守的ウェブサイトを閲覧する人は，典型的なネットユーザーと比べて，大手メディア・サイトを訪問する傾向が強いか弱いかを調べました。その結果，際だったオンライン上の隔離傾向は見られなかったそうですが，若干のイデオロギー上の隔離傾向が見つかったそうです。

その他，ゲンツコウは，紙媒体とオンラインの補完関係は見せかけで，実際には代替関係があること，テレビの普及は，投票率の低下につながっていること等，興味深い発見を続けています。ゲンツコウの高度なモデル分析力，新しいデータ・セット，そして，斬新な研究課題は，これからも経済学の新分野を切り拓いていくでしょう。

3. クラーク賞の栄冠に輝くその他の俊才

紙面に限りがあり，すべてのクラーク賞受賞者を紹介することはでき

ませんでした。手短に，そのポートレートを，受賞年次順に紹介しましょう。

ケビン・M・マーフィーは，シカゴ大学で博士号を取り，同じく，シカゴ大学で奉職中の1997年，クラーク賞を受賞しました。マーフィーは，労働経済学における賃金格差の原因を技能需要の変化にあることを突き止め，賃金格差はグループ内で拡大傾向にあることを明らかにしま

表14-1　クラーク賞受賞者一覧

年	受賞者	年	受賞者
1947年	ポール・サミュエルソン（1970年）	1987年	スタンフォード・J・グロスマン
1949年	ケネス・E・ボールディング	1989年	デイヴィッド・クレプス
1951年	ミルトン・フリードマン（1976年）	1991年	ポール・クルーグマン（2008年）
1953年	受賞者なし	1993年	ローレンス・サマーズ
1955年	ジェームズ・トービン（1981年）	1995年	デーヴィッド・カード
1957年	ケネス・アロー（1972年）	1997年	ケビン・M・マーフィー
1959年	ローレンス・クライン（1980年）	1999年	アンドレ・シュライファー
1961年	ロバート・ソロー（1987年）	2001年	マシュー・ラビン
1963年	ヘンドリック・ハウタッカー	2003年	スティーヴン・レヴィット
1965年	ツヴィ・グリリカス	2005年	ダロン・アシモグル
1967年	ゲーリー・ベッカー（1992年）	2007年	スーザン・C・エイシー
1969年	マーク・レオン・ナーロブ	2009年	エマニュエル・サエズ
1971年	デール・ジョルゲンソン	2010年	エスター・デュフロ
1973年	フランクリン・M・フィッシャー	2011年	ジョナサン・レヴィン
1975年	ダニエル・マクファデン（2000年）	2012年	アミー・フィンケルシュタイン
1977年	マーティン・フェルドシュタイン	2013年	ラジ・チェッティ
1979年	ジョセフ・E・スティグリッツ（2001年）	2014年	マシュー・ゲンツコウ
1981年	マイケル・スペンス（2001年）	2015年	ロナルド・G・フライヤーJr.
1983年	ジェームズ・ヘックマン（2000年）	2016年	ユーリー・サニコフ
1985年	ジェリー・A・ハウスマン	2017年	デーブ・ドナルドソン

括弧内は，ノーベル経済学賞受賞年。

した。

　アンドレ・シュライファーは，MIT で博士号を取り，ハーバード大学奉職中の 1999 年，クラーク賞を受賞しました。シュライファーは，コーポレート・ファイナンスで卓越した研究成果を残し，株主保護が弱くなるにつれて，株式保有の集中度が高まることを明らかにしました。

　ダロン・アシモグルは，LSE で博士号を取り，MIT 奉職中の 2005 年に，クラーク賞を受賞しました。マクロ経済学者として出発したアシモグルは，近年では，制度と経済発展の関係を政治経済学的に研究し，16 世紀時点で豊かな国々が，現代では比較的貧しくなっている理由を，投資や技術革新に対してインセンティブを持つかどうか，インセンティブを持つことを可能にする経済制度が存在したかどうかに求めました。

　スーザン・C・エイシーは，スタンフォード大学で博士号を取り，ハーバード大学奉職中の 2007 年，クラーク賞を受賞しました。エイシーは，経済理論と計量経済学の両分野で卓越した業績を残しており，特に単調性という弱い仮定を用いて，頑健な経済学的結論を引き出しています。近年は，人工知能の一種である機械学習をビッグデータの分析に応用することで，学界をリードしています。

　エマニュエル・サエズは，MIT で博士号を取り，UC バークレー校に奉職中の 2009 年，クラーク賞を受賞しました。サエズは，最適課税論で卓越した業績を残した後，所得分布の動態に興味を持ち，富裕層への富の集中は，U 字型に近年上昇傾向にあり，その原因は当初は資本所得の集中にあったが，近年は賃金所得の集中によってもたらされていることを明らかにしました。

　ジョナサン・レヴィンは，MIT で博士号を取り，スタンフォード大学奉職中の 2011 年，クラーク賞を受賞しました。レヴィンは，構造推定を用いて，産業経済学の分野で卓越した業績を残しており，特に，契約，

組織，市場の設計，サブプライム問題等，多様な分野で多くの研究を残し，イェール大学の学長だった父親の影響を受けてか，スタンフォード大学でも学部長として辣腕を発揮しています。

　アミー・フィンケルシュタインは，MIT で博士号を取り，同じく，MIT 奉職中の 2012 年，クラーク賞を受賞しました。フィンケルシュタインは，医療保険の情報非対称性を構造推定で研究し，多次元の私的情報が存在する下でのアドバース・セレクションを実証する方法を考案したり，オレゴン州の医療保険のフィールド実験を運営したりして，活躍しています。

　ロナルド・G・フライヤー Jr. は，ペンシルバニア州立大学で博士号を取り，ハーバード大学奉職中の 2015 年，クラーク賞を受賞しました。フライヤー Jr. は，アメリカの人種差別問題を取り扱い，学校で沢山のフィールド実験を運営して，恵まれない環境の子供のために，教育現場で機会均等を確保するための研究を続けています。

　ウクライナ出身のユーリー・サニコフは，スタンフォード大学で博士号を取り，プリンストン大学奉職中の 2016 年，クラーク賞を受賞しました（同年，スタンフォード大学に移籍）。サニコフは，国際数学オリンピックの金メダリストで，確率変分法を駆使して，連続時間動学ゲーム理論の分野で卓越した業績を残しています。

　デーブ・ドナルドソンは，LSE で博士号を取り，MIT 奉職中の 2017 年，クラーク賞を受賞しました。ドナルドソンは，構造推定を用いて，国際経済学や開発経済学の分野で，経済史的な研究を行い，もしも鉄道の敷設がなかったら，地域経済の発展にどのような影響があったのかという反実仮想的な研究を行っています。

図書案内

　クラーク賞受賞者は若いので，日本語で読めるような本は少ないのですが，次のような本が出版されています。

スティーヴン・D・レヴィット，スティーヴン・J・ダブナー，望月衛訳（2006）『ヤバい経済学：悪ガキ教授が世の裏側を探検する』東洋経済新報社.

アビジット・V・バナジー，エステル・デュフロ，山形浩生訳（2012）『貧乏人の経済学：もういちど貧困問題を根っこから考える』みすず書房.

ダロン・アセモグル，ジェイムズ・A・ロビンソン，鬼澤忍訳（2016）『国家はなぜ衰退するのか：権力・繁栄・貧困の起源』早川書房.

学習のヒント

1. 1990年代以降のクラーク賞の傾向をまとめましょう。
2. クラーク賞の受賞者達は，どうやって因果性を識別したのかをまとめましょう。
3. 近年のフィールド実験の流行の歴史をまとめましょう。

15 | ノーベル経済学賞の忘れもの
　　　ハロッド／森嶋通夫

《**本章のポイント**》 14章にわたって，38名のノーベル経済学賞受賞者を，生い立ち，学問業績，現代的意義から講義してきました。80名近いノーベル経済学賞受賞者のうち，約半分を取り上げたことになります。その中で，ノーベル経済学賞のアメリカの独り勝ちが気になります。もちろん，自然科学分野でも同様の傾向はうかがわれますが，ここまで極端なのは経済学分野だけです。本来，当然，受賞すべき偉大な経済学者の中で，取り逃がした者がいることも事実です。そこで，惜しくも受賞を逃したイギリスのハロッドと日本の森嶋通夫を取り上げて解説しましょう。最後に，ノーベル賞の今後について，民間の経済学予想を取り上げてみましょう。

《**キーワード**》 シカゴ学派，ハロッドのナイフ，動学的経済理論

1. ノーベル経済学賞の歴史

(1) アメリカの独り勝ち

1969年から2017年までのノーベル経済学賞受賞者は，総勢79名です。受賞者の国籍を見てみると，二重国籍を重複してカウントして，アメリカが圧倒的で54名の68％を占めます。当然のことながら，ここまで偏ったノーベル賞分野は他分野にはありません。2位のイギリスが9名，3位のフランス，ノルウェー，イスラエル，ロシア（ソ連），カナダが3名です。

アメリカに経済学の覇権が移ったのは，第二次世界大戦後のことです。もちろん，世界経済の中心が，ヨーロッパからアメリカに移ったことが

大きいのですが，二度の世界大戦で優秀な人材が，ヨーロッパからアメリカに渡ったことも大きいと思われます。1973年のレオンチェフ，1974年のハイエクはその代表であり，ヨーロッパに居場所を失い，いわば学問亡命しました。

時代が下ると，アメリカ留学組がぐっと数を増します。アメリカの一流大学で博士号をとり，そのままアメリカの大学に就職し，アメリカ人になるのです。アメリカのプロ野球メジャーリーグ同様に，世界中の優秀な人材を引きつけることで，アメリカの圧倒的な競争力は維持されています。

また，自然科学と異なり，社会科学の経済学は，実験によって，学派や理論の優劣が決まりにくいものです。学界の勢力が，そのまま学問の優劣に結びつく危険性があります。ノーベル賞の選考では，過去の受賞者の推薦が特別な意味を持ちます。したがって，アメリカの経済学者が増えれば増えるほど，アメリカの経済学界で認められないと選考に不利になります。

次に，受賞時の在籍大学を見てみると，1位は予想通りシカゴ大学で，13名を数えました。シカゴ学派に属することがノーベル経済学賞に有利であるという事実が，数字の上でも確認されます。第2位はプリンストン大学の7名，第3位はハーバード大学の6名，第4位はUCバークレー校の5名と，東西の名門校が名前を連ねます。

なお，博士号を取得していない受賞者も4名いて，オックスフォード大学卒業のヒックスとミードが目を引きます。一昔前のイギリスではアメリカのように，大学院で博士号を取得する習慣がさほど強くなく，優秀な卒業生は学部卒業後にフェローで大学に残るのが一般的でした。

最後に，博士号取得大学を見てみると，第1位はMITの11名，第2位はハーバード大学の10名，第3位はシカゴ大学の8名と，アメリカの

東海岸の両雄が，シカゴ大学を逆転します。アメリカでは，人材の流動性が高く，優秀な卒業生が必ずしも母校の教壇に立たず，他校で活躍します。これもアメリカの強さを支えている秘訣の一つでしょう。実際，シカゴ大学の強さを支えているのは，スティグラー，ベッカー，ルーカスのような生え抜き組と，フリードマン（シカゴ大学卒業ですが，コロンビア大学 Ph. D です），ハイエク，コース，セイラーのような外様組の絶妙なミックスです。

（2）年代別の傾向

年代別に，受賞者の傾向を調べてみましょう。1960〜70年代は，受賞者が17名です。毎年，1.5名ほどの受賞者が出ています。アメリカの受賞者は6名と，35％を占めるに過ぎません。ノーベル経済学賞の最初の10年は，まだアメリカの独り勝ちとは言えない状況でした。さらに言えば，アメリカの受賞者には，レオンチェフ，クープマンスのようなヨーロッパからの学問亡命組が入っています。

受賞者在籍大学の第1位はハーバード大学の3名，第2位はシカゴ大学とストックホルム大学の2名です。博士号取得大学の第1位はコロンビア大学の3名，ストックホルム大学とライデン大学の2名となっています。

この時代，シカゴ学派の春は訪れてはおらず，授与国のスウェーデンを初めとした大陸ヨーロッパの勢力が強いと言えます。しかし，戦前の経済学のメッカであったイギリスの受賞者が，もっと多くて良かったような印象を受けます。

1980年代は，受賞者がきっちり10名です。毎年1名しか受賞者を出さない方針だったのでしょう。実際，この時代までは，クライン，トービン，スティグラーと，誰もが認める英雄経済学者が存命でした。ノー

ベル賞は，分野ではなく，個人に与える賞だったのです。国籍別に見ると，アメリカの受賞者は6名で，アメリカとヨーロッパの勢力がまだ均衡しています。特に，ドブリューとアレというフランスの2名の数理経済学者の受賞が目を引きます。1980年代までは，一般均衡理論を中心とした数理経済学全盛の時代でした。

受賞者在籍大学の第1位はMITの2名で，第2位は8校が1名と散らばっています。博士号取得大学の第1位もシカゴ大学，ハーバード大学，パリ大学の2名と散らばっています。数字の上からは，シカゴ学派の優勢は，未だ確認されていません。

1990年代になると，明らかなノーベル経済学賞の傾向の変化が見て取れます。まず，受賞者が17名と，毎年，2名弱の受賞者が出ています。これは，ノーベル賞が人ではなくて分野に与えられるようになり，また，狭い意味の経済学賞ではなく，広い意味での学際分野も対象に加えられるようになったからです。1994年のゲーム理論，1997年の金融工学が印象深いです。また，コースの取引費用経済学，センの経済倫理学のように，ノーベル賞受賞後にブームが起きるようなケースが増えてきたのも特徴です。

国籍別に見ると，アメリカの受賞者は12名で，70％を占め，2位のカナダの3名に対して圧倒しています。カナダの3名も，博士号取得と受賞時在籍はアメリカの大学です。アメリカにいなければ，ノーベル経済学賞が取れない時代になりました。

受賞者在籍大学の第1位はシカゴ大学の5名，第2位はケンブリッジ大学とコロンビア大学が2名と，1位と2位の間が随分と開いています。博士号取得大学の第1位もシカゴ大学の3名，第2位はMIT，ケンブリッジ大学，ジョンズホプキンス大学の2名です。シカゴ学派の春がやってきました。ノーベル経済学賞に関する限り，「ケインズは死んだ」とい

うのは本当です。合理的期待学派のような自由主義的経済学の躍進が目立ちました。

　2000年代になると，さらなる傾向の変化が見て取れます。18年間で，受賞者が35名と，複数受賞の傾向が強まります。自然科学系でもよく見られますが，ゲーム理論や金融工学から3名という受賞ではなく，行動経済学と実験経済学のような類似する分野への受賞の組み合わせも増えました。しかし，最近は，単独受賞もあり，今後の傾向が注目されます。

　国籍別に見ると，アメリカの受賞者は30名で，86％を占め，第2位は二重国籍を含めイギリスの4名，第3位はイスラエルの3名と，完全にアメリカの国内賞となったかのようです。

　受賞者在籍大学の第1位はシカゴ大学・プリンストン大学の5名，第2位はUCバークレー校が3名で続き，シカゴ大学に迫る大学も出ています。博士号取得大学の第1位はMITの8名，第2位はハーバード大学の7名，第3位がカーネギー・メロン大学の4名であり，東海岸の両雄の復権には目を見張るものがあります。

　ノーベル経済学賞は，アメリカの独占傾向が著しく進みましたが，アメリカ国内で見れば競争原理が強く働いており，長い目で見れば，移り変わりが見て取れます。アメリカはプロ野球やプロ・アメフトの国内優勝チームをワールド・チャンピオンと呼ぶ図々しいところのある国ですが，ノーベル経済学賞よりも，アメリカ国内の若手の登竜門であるクラーク賞の方が受賞が難しいという笑えない話もあります。

2．ノーベル経済学賞の忘れもの

（1）イギリスのロイ・ハロッド

　ノーベル経済学賞のアメリカ，シカゴ学派への偏向はよく知られていましたし，それは統計的にも裏づけられたと言えましょう。その分，割

ロイ・ハロッド
写真提供：ユニフォトプレス

を食ったのは，戦前・戦後の経済学を支えたイギリスです。少なくとも，1970年代までのイギリスの経済学界での存在は無視できず，アメリカのハーバード大学・MIT（ボストン近郊ケンブリッジ）とイギリスのケンブリッジ大学の間で繰り広げられたケンブリッジ論争は世に名高いものでした。

　ジョーン・ロビンソン，ニコラス・カルドア，ピエロ・スラッファ，ミハエル・カレツキ等，イギリス人またはイギリスに拠点を置いて活躍したケインズ経済学寄りの経済学者が，おしなべて受賞を逃したのはいささか腑に落ちませんし，その後のシカゴ学派の独走を許す遠因となりました。

　なぜケンブリッジ・ケインジアンは，ノーベル賞を受賞できなかったのでしょうか。ノーベル賞の選考は50年後に公開されるので，それまでは待つしかありませんが，いくつかの理由を想像することはできます。第一に，ノーベル賞はあくまでスウェーデン国立銀行賞であることを忘れてはいけません。経済危機が来る度の例外はあるものの，基本的には，市場経済と資本主義の擁護とノーベル経済学賞は切り離せない密接な関係にあるのです。ジョーン・ロビンソンのような過激な左派主義者が嫌われたとしても，不思議ではありません。

　第二に，似たような候補が一つの大学で粒ぞろいだと，かえって推薦

を集めたり，絞り込んだりするのが難しかったのではないかと思います。実際，イギリス・ケインジアンに好意的な立場の私でも，ジョーン・ロビンソン，カルドア，スラッファ，カレツキの誰に授与するべきかと言われると，判断に困ります。個人的な好みで言えば，カレツキを推したいところですが，専門家の優先順位とは意見が異なるでしょう。

　ケンブリッジ大学関係者の中でも，ストーン，ミード，マーリーズのように，独自の研究分野を開拓し，ケインジアンとは言い切れない研究者がノーベル経済学賞を受賞し，ケインジアン本流が受賞できなかったのは皮肉な話です。

　こうした中で，どうしても不可解なのが，ロイ・ハロッドが受賞を逃したことです。フリッシュ，ティンバーゲンを押しのけて，第1回受賞者に選ばれたとしても，より歴史的貢献度が高いのに，第2回以降に回された感のあるサミュエルソン，ヒックス，アローのような巨人ですら，異論を持たなかったでしょう。

　ハロッドは，1900年に，イギリスの郊外ノーフォークに生れ，オックスフォード大学を卒業し，オックスフォード大学で教鞭を執り，政治的には自由党に属する中道です。したがって，ケンブリッジ大学関係者にあてはまる受賞できなかった理由は，ハロッドに関してはあてはまりません。ケインズとその遺族の信頼も篤く，一般理論形成史にも不朽の名を残し，『ケインズ伝』の執筆も任されています。いささかケインズの人生を美しく書きすぎている嫌いはあるものの，伝記としても素晴らしい出来栄えです。さらに，教養人として，社会学，倫理学，歴史学にも造詣が深く，その方面の評価も高いのです。

　ハロッドの経済学上の貢献は，第3回受賞者で同僚のヒックスに決して引けをとるものではありません。彼の不朽の経済学上の貢献は，マクロ経済学の動学化であり，戦後の経済成長理論の隆盛は，事実上，ハ

ロッドに始まると言っても良いでしょう。ソローが受賞し，ハロッドが受賞しなかったのは，ハロッドがソローの受賞前に逝去したこと（1978年）を勘案しても不可解です。ハロッドは，その他にも，不完全競争理論，景気循環理論，国際経済学等で，それぞれノーベル賞級の業績を残しています。

考えられることは，ハロッドの経済動学は「ハロッドのナイフ」と揶揄されるように，資本主義の経済成長の安定性に対して，疑問を投げかけるものとして解釈され，一部の自由主義陣営からの敬遠を招いたのではないかという危惧です。これですら，ハロッド自身が，ハロッドのナイフという表現を用いたことがなく，本人が戸惑っていたことからも，実に不幸だったとしか言いようがありません。

ミュルダールやハイエクのような，理論経済学者として第一級の業績があるわけでもなく（政治家や啓蒙家としての実績は認めますが），いわば左右の政治的兼ね合いで共同受賞した者がいる一方で，経済学の最先端を切り拓きながら忘れ去られつつあるハロッドを思うと，つくづく残念に思うのは，私だけでしょうか。

1946 年の「アメリカン・エコノミック・レビュー」に掲載されたケインズ追悼文の中で，ヨゼフ・シュンペーターが寄せたハロッド評を，今一度思い起こしたいと思います。

「ハロッド氏はケインズとは独立にほぼ同じ結論に到達しつつあったようだが，ケインズの業績が世に出た後は，我を捨てて，その輪に加わった。公正を期して述べておこう。かの卓越した経済学者は，ケインズ経済学でも，不完全競争論でも，権利として彼が占めるべき経済学史上の位置を，失いかねない危険に面している。」

博覧強記のシュンペーターの言葉だけに，大変な重みがあります。驚くべきことに，シュンペーターのハロッドへの高い評価には，彼の最大の業績と言うべき経済動学・経済成長理論への貢献は，未だその中に含まれていないのです。

（2）日本の森嶋通夫

ノーベル経済学賞は日本人が唯一受賞していない分野であるという話がよく出るので，日本の経済学者として，非常に肩身が狭いです。何人か受賞しておかしくない，あるいは，受賞すべき日本人候補者はいたという評価が専門家の間では根強くあります。

具体名を挙げれば，2000 年のヘックマン，マクファデンの受賞時における雨宮健スタンフォード大学教授，2008 年のクルーグマン受賞時における藤田昌久甲南大学教授，2009 年のオストロム，ウィリアムソン受賞時における青木昌彦スタンフォード大学教授等（当時）です。

それ以前となると，一般均衡理論で名高い森嶋通夫 LSE 名誉教授と経済成長理論で名高い宇澤弘文東京大学名誉教授が双璧でしょう。惜しくも，森嶋教授は 2004 年に，宇澤教授は 2014 年にそれぞれ逝去されたので，受賞のチャンスはなくなりました。

森嶋教授は，1923 年に生まれ，京都帝国大学経済学部在学中に学徒動員され，海軍で勤務した後に復学し，京都大学助教授，大阪大学教授を経て渡英しました。その後，エセックス大学客員教授を経て，LSE のジョン・ヒックス卿教授を務めました。

日本を飛び出した理由を一言でいえば，閉鎖的な日本の大学での喧嘩別れです。森嶋教授の毒舌は有名であり，多くの舌禍論争を巻き起こしました。直接，森嶋教授の薫陶を受けた者の談によれば，あまのじゃく振りは天性のものもあろうが，若き青春時代に馬鹿げた戦争によって，

森嶋通夫
写真提供：ユニフォトプレス

多くの友人を失い，愛する祖国を破壊された怒りが終生，彼の心の中にあったようです。作家の司馬遼太郎と同年であり，陸軍に動員された司馬の小説も，ほぼ同様の動機から書かれていることは，興味深いところです。

幸いなことに，森嶋教授は，変わり者を変わり者として，暖かく受け止めてくれるイギリス社会の水が合っていたようで，尊敬するヒックス，馬の合うフランク・ハーンなどと，一般均衡理論・経済成長理論で，第一級の業績を次々と発表しました。

森嶋教授の人柄を表すエピソードが，伝わっています。誰もが恐れるサミュエルソンの業績を，顕示選好理論以外は独創性がないと切って捨ててしまうような森嶋教授が，少年のように瞳を輝かせる三人の人物が居ました。一人は森嶋教授が尊敬して止まないヒックス。一人は独創性の固まりであったために大学の成績が悪く，卒業後の進路で悩んでいた時に，「努力をすれば，きっと立派な学者になれます」と森嶋青年を励ましてくれた高田保馬。最後の一人は，大の阪神ファンらしく，ミスター・タイガースの藤村富美男でした。「阪神にはええ選手が多い。誰のことかって？ 景浦や藤村のことじゃ」と言っていました。一言でいえば，永遠の少年のような人だったのです。

数理経済学の分野で素晴らしい業績を残した森嶋教授ですが，なぜ

ノーベル経済学賞を取れなかったのでしょうか。二つの仮説が考えられます。第一に，1990年代に，ノーベル経済学賞の選考基準が変わったことです。それまでは，優れた業績を残した経済学者に，順繰りに与えられていたのですが，1990年代半ば以降，必ずしも学界のポジションが高くなくても，新しい学問分野を開拓した経済学者に与えられるようになりました。丁度，森嶋教授の順番が近づいてきた時に基準の変更があり，もうその頃には，すでに十分な数の一般均衡理論の数理経済学者が受賞していたので，受賞する機会を逸したという説明です。

　もう一つは，森嶋教授は，ある時期から研究スタイルを変え，自分の数理経済学的研究と，リカード，マルクス，ワルラス等，歴史上の経済学者の学説との総合をはかりました。そのために，理論の独創性の観点から，森嶋教授の研究の価値が割り引かれる結果をもたらし，さらにノーベル賞の選考委員会から嫌われるマルクス経済学の数理的研究が，研究の内容とは関係なく，マイナス要因に働いたのではないかという説明です。

　私は，二つの説とも，大いにありえる話ではないかと思います。加えて，非常に残念なことがあります。森嶋教授の研究の中で最も独創的な著作は，弱冠27歳の時に書かれた処女作である『動学的経済理論』（1950年）だと思います。これに近い感想を，我々の前で，森嶋教授本人がはっきりと語りました。この著作は，ヒックスの一般均衡理論分析を発展させて，均衡の局所的安定性と均衡が時間的に動く安定性という二つの動学問題を峻別して，双方を数学的に基礎づけた世界最初の研究です。

　惜しむらくは，この処女作は，長らく英訳されることがなかったことです。英訳されたのは，ずっと後の1996年のことで，森嶋教授の最後の専門書となりました。もしもこの著作がすぐに英語で出版されていたら，

経済学史上の評価は変わっていたのではないでしょうか。森嶋教授にとって，最初の日本語専門書にして，最後の英語専門書となった一冊の本が，日本人初のノーベル経済学賞の可能性を左右したならば，何とも残念です。

　森嶋教授は，面白いエピソードを人に語っています。ノーベル財団のお偉方と一緒に，会食する機会がありました。同席したのは，ソロー，ハーンだったといいます。途中で，性格がリベラルなハーンが，ノーベル財団のお偉方の前で，ノーベル経済学賞を延々と批判しだしたのです。その時，ソローが，テーブルの下で，「バコーン」と，ハーンの足を蹴っ飛ばしたのだといいます。ソローにしてみれば，空気を読めないハーンのせいで，自分までノーベル経済学賞をもらえなくなるのが嫌だったのかもしれませんね。

　その後，歴史が証明する通り，ソローはノーベル賞を受賞し，ハーンはノーベル賞を受賞できませんでした。ハーンが大好きな森嶋教授は，さも愉快そうに，その話を披露しながら，こう語りました。

　「まあ，ノーベル経済学賞なんか，ないほうがいいね」。

3．ノーベル経済学賞の未来

　ノーベル賞級の経済学者からも，内部批判が出るノーベル経済学賞，正確にはアルフレッド・ノーベル記念経済学スウェーデン国立銀行賞ですが，思わぬ内部批判が巷をにぎわせました。

　2001年，ノーベル賞百周年のときに，ノーベルの兄弟のひ孫4人が，ノーベル経済学賞をノーベル自身の遺言にもとづかないとして，ノーベル経済学賞の廃止，ないしは，ノーベル賞からの独立を求めたのです。ノーベル財団は，ノーベルの兄弟の子孫300人の中の4人の少数意見と

して，真剣には取り上げませんでした。

　そもそも，ノーベルは生涯独身で，直接の子孫はありません。ノーベルが，親族に対する遺産配分を大幅に削ったために，ノーベルの遺言でノーベル賞の創設を求めた時に猛烈に反対し，泥沼の裁判を起こしたのが，ノーベルの生前にほとんど付き合いのなかった甥姪と姪の夫達でした。そう考えれば，ノーベルの子孫という人々の言葉が，ノーベル賞のあるべき理想に，重みを持つべきとは考えられません。

　しかしながら，経済学のように，自然科学ほど，明確な理論やモデルの優劣が決まらない個人・分野に，ノーベル賞という権威を与えることは，ノーベル賞をもらった個人・分野が「正しい経済学」になるという本末転倒を起こしかねませんし，実際に起こっていることでもあります。また，1990年代に見られたシカゴ学派の跋扈，ノーベル賞受賞後に投機に失敗した金融工学者のスキャンダル等，本当にノーベル経済学賞が，世の中にとって良いものか悪いものかは，人によって判断が分かれるところです。

　個人的な意見ですが，ノーベル文学賞やノーベル平和賞に比べれば，学問的な賞でもあるし，1990年代以降は，広い意味で社会科学に与えられる賞になってもいるので，社会科学研究者の士気を高めるという意味では，十分に歴史的・社会的意義があると考えます。それに，超ひも理論のように，物理学の最先端の分野では，経済学同様に，実験による検証可能性が小さくなってきていますし，ノーベル賞をめぐるスキャンダルは，AIDSウィルスの発見のように，他分野でもよくあることです。世界最大の学術ショーとして，楽しめば良いのではないでしょうか。

　15回にわたるノーベル賞で振り返る現代経済学も，終わりに近づいています。将来，経済学のどのような分野が，ノーベル経済学賞を受賞するのでしょうか。よく知られたノーベル賞の予想が，トムソン・ロイター

社が毎年発表する引用栄誉賞です（2017年からは，クラリベイト・アナリティクス引用栄誉賞）。

引用栄誉賞は，過去20年以上にわたる学術論文の被引用数にもとづいて，各分野の上位0.1％にランクする研究者の中から，ノーベル賞候補を選定しています。選ばれた研究者はどれも超一流の研究者であり，誰が受賞してもおかしくありません。

今まで候補に挙がった研究者は71名であり，そのうち実際に受賞したのは15名です。これを高いと見るか低いと見るかは，判断の難しいところですが，一種の予想として楽しめば良いでしょう。

当初のうちは，金融分析のファマとフレンチ，リカード中立性命題のバローを4年連続してノミネートしましたが，今のところ，フレンチとバローの受賞は実現していません。その後，トムソン・ロイター社は，過去にノミネートして，後になって受賞しても，それは的中と見なすことになりました。

正確に，ピンポイントで当てるのではなく，数を打ち，いずれ当たる方向に方針を改めたのです。物理学のように，素粒子，宇宙論，物性がローテーションしながら，受賞される分野と異なり，経済学では今年は一体どの分野から受賞者が出るのか，予想が付かないので，致し方ない部分もあると思います。

日本人としては，ノーベル経済学賞候補として，初めて，プリンストン大学の清滝信宏教授が選定されたのは心強いことです。

さて，2011年3月11日の東日本大震災は，津波という災害の大きさ，原子力発電というエネルギー問題の難しさを，日本と世界に突きつけました。創設期のノーベル経済学賞の時代は，数理経済学の全盛時代であり，多くの場合，数学的なパズルを解決した学者らしい学者が栄冠に輝きました。オイルショック以後は，ケインズ革命に対する反革命として，

シカゴ学派の全盛時代が到来しました。ノーベル経済学賞の政治的色づけが，付いたとも言えるでしょう。1990年以降は，優れた個人の受賞というよりも，新しい分野の創設者に与えられる賞として，ノーベル経済学賞の再定義がなされました。あわせて，経済学以外にも，心理学や政治学も含めた，総合的社会科学賞と考えられるようにもなりました。

近い将来，環境・エネルギー，医療・社会保障，開発・人口のような，地球規模の社会問題の解決に対して，具体的なブレークスルーを与えた経済学者の受賞が増えていくのではないでしょうか。ノーベル経済学賞の傾向が変われば，経済学者の研究の方向性も変わっていくでしょう。

2012年夏に，存在が確証されたヒッグス粒子を例として取り上げましょう。ヒッグス粒子は，素粒子に質量を与える原因を説明すると考えられます。ヒッグス機構は，1964年に，エディンバラ大学のピーター・ウェア・ヒッグス達，数名の理論物理学者によって提唱されました。神の粒子とも呼ばれ，その実証可能性が危ぶまれたこともありますが，多くの観測物理学者の50年余の努力によって，遂に実証されたわけです。同じような規模のスケール・時間の長さが，今後の経済学研究にも，必要になってくるかも知れません。そうなると，一人の天才が問題を解決すると言うよりは，多くの人達が，駅伝でたすきをつないでいくように，共同で研究を進めていくケースが増えていくでしょう。

ノーベル経済学賞をめぐって，その正当性や偏向について，疑問視する声もあるでしょう。今後もそれがなくなることはないでしょう。しかしながら，アカデミー賞と同様，一種のショーと考えれば，予想したり，解釈したりするのも楽しみになり，使い方を間違えなければ，1年に一度，学問の世界を社会的にお祝いする契機ともなります。これだけ，ノーベル賞一般が世界的に受け入れられているわけですから，その資産を有効に使わないよりは，有効に使ったほうが良いのではないでしょうか。

私は,そう思います。

1. ノーベル経済学賞のアメリカ独り勝ちについて,説明しましょう。
2. イギリスのハロッドが,ノーベル経済学賞をもらえなかった理由として,どのようなことが考えられるでしょう。
3. ノーベル経済学賞の意義と限界について,あなたの意見を考えてみましょう。

第 15 章　ノーベル経済学賞の忘れもの | 255

ノーベル経済学賞歴代受賞者

年	名前	国籍（出身国）	受賞時大学	博士号取得大学	受賞理由
1969年	ラグナル・フリッシュ	ノルウェー	オスロ	オスロ	経済過程の動学分析
	ヤン・ティンバーゲン	オランダ	オランダ経済	ライデン	
1970年	ポール・サミュエルソン	アメリカ	MIT	ハーバード	静学的および動学的経済理論
1971年	サイモン・クズネッツ	アメリカ	ハーバード	コロンビア	経済成長理論の実証
1972年	ジョン・ヒックス	イギリス	オックスフォード	(オックスフォード)	一般均衡理論および社会厚生理論
	ケネス・アロー	アメリカ	ハーバード	コロンビア	
1973年	ワシリー・レオンチェフ	ソビエト連邦	ハーバード	ベルリン	投入産出分析
1974年	グンナー・ミュルダール	スウェーデン	ストックホルム	ストックホルム	貨幣理論・経済変動理論と経済・社会・組織の相互依存性分析
	フリードリヒ・ハイエク	オーストリア	フライブルグ	ウィーン	
1975年	レオニード・カントロヴィチ	ソビエト連邦	モスクワ国家経済管理研究所	レニングラード	資源の最適配分
	チャリング・クープマンス	オランダ	イェール	ライデン	
1976年	ミルトン・フリードマン	アメリカ	シカゴ	コロンビア	消費分析・金融史・金融理論と貨幣政策
1977年	ベルティル・オリーン	スウェーデン	ストックホルム	ストックホルム	国際貿易および資本移動の理論
	ジェイムズ・ミード	イギリス	ケンブリッジ	(オックスフォード)	
1978年	ハーバート・サイモン	アメリカ	カーネギーメロン	シカゴ	経済組織内部の意思決定プロセス
1979年	セオドア・シュルツ	アメリカ	シカゴ	ウィスコンシン	発展途上国問題の経済発展
	アーサー・ルイス	イギリス	プリンストン	LSE	

年	名前	国籍(出身国)	受賞時大学	博士号取得大学	受賞理由
1980年	ローレンス・クライン	アメリカ	ペンシルバニア	MIT	景気変動・経済政策の経済モデル
1981年	ジェームズ・トービン	アメリカ	イェール	ハーバード	金融市場と支出・雇用・生産・価格の関連
1982年	ジョージ・スティグラー	アメリカ	シカゴ	シカゴ	産業構造・市場の役割、規制の原因と影響
1983年	ジェラール・ドブルー	フランス	UCバークレー	パリ	一般均衡の経済理論
1984年	リチャード・ストーン	イギリス	ケンブリッジ	ケンブリッジ	国民勘定システムと実証経済分析
1985年	フランコ・モディリアーニ	アメリカ(イタリア)	MIT	社会研究ニュースクール	貯蓄と金融市場の先駆的分析
1986年	ジェームズ・M・ブキャナン	アメリカ	ジョージ・メイソン	シカゴ	公共選択理論の契約・憲法的基礎
1987年	ロバート・ソロー	アメリカ	MIT	ハーバード	経済成長理論
1988年	モーリス・アレ	フランス	高等師範鉱山学校	パリ	市場と資源の効率的な利用
1989年	トリグヴェ・ホーヴェルモ	ノルウェー	オスロ	オスロ	計量経済学の確率基礎理論
1990年	ハリー・マーコヴィッツ	アメリカ	CUNY	シカゴ	資産形成の安全性の理論
1990年	マートン・ミラー	アメリカ	シカゴ	ジョンズホプキンス	
1990年	ウィリアム・フォーサイス・シャープ	アメリカ	スタンフォード大	UCLA	
1991年	ロナルド・コース	アメリカ	シカゴ	(LSE)	取引費用と財産権の発見と明確化
1992年	ゲーリー・ベッカー	アメリカ	シカゴ	シカゴ	広範な人間行動と相互作用へのミクロ経済分析

256

第15章　ノーベル経済学賞の忘れもの

年	名前	国籍（出身国）	受賞時大学	博士号取得大学	受賞理由
1993年	ロバート・フォーゲル	アメリカ	シカゴ	ジョンズホプキンス	経済史の経済理論や数量分析
	ダグラス・ノース	アメリカ	ワシントン	UCバークレー	
1994年	ラインハルト・ゼルテン	ドイツ	UCバークレー	フランクフルト	非協力ゲームの均衡の分析
	ジョン・ナッシュ	アメリカ	プリンストン	プリンストン	
	ジョン・ハーサニ	ハンガリー	ボン		
1995年	ロバート・ルーカス	アメリカ	シカゴ	シカゴ	合理的期待形成仮説
1996年	ジェームズ・マーリーズ	イギリス	ケンブリッジ	ケンブリッジ	情報非対称性下の経済的誘因
	ウィリアム・ヴィックリー	アメリカ（カナダ）	コロンビア	コロンビア	
1997年	ロバート・マートン	アメリカ	ハーバード	MIT	金融派生商品（デリバティブ）価格決定
	マイロン・ショールズ	アメリカ（カナダ）	（スタンフォード）	ミネソタ	
1998年	アマルティア・セン	インド	ケンブリッジ	ケンブリッジ	所得分配の不平等の理論、貧困・飢餓の研究
1999年	ロバート・マンデル	カナダ	コロンビア	MIT	通貨体制の金融・財政政策、最適通貨圏
2000年	ジェームズ・ヘックマン	アメリカ	シカゴ	MIT	ミクロ計量経済学の理論と手法
	ダニエル・マクファデン	アメリカ	UCバークレー	シカゴ	
2001年	ジョージ・アカロフ	アメリカ	UCバークレー	MIT	情報非対称性のある市場の分析
	マイケル・スペンス	アメリカ	スタンフォード	ハーバード	
	ジョセフ・E・スティグリッツ	アメリカ	コロンビア	MIT	

年	名前	国籍（出身国）	受賞時大学	博士号取得大学	受賞理由
2002年	ダニエル・カーネマン	アメリカ（イスラエル）	プリンストン	UCバークレー	行動経済学と実験経済学
2002年	バーノン・スミス	アメリカ	ジョージ・メイソン	ハーバード	行動経済学と実験経済学
2003年	ロバート・エングル	アメリカ	ニューヨーク	コーネル	時系列分析手法の確立
2003年	クライヴ・グレンジャー	イギリス	スタンフォード	コーネル	時系列分析手法の確立
2004年	フィン・キドランド	ノルウェー	UCサンタバーバラ	カーネギーメロン	動学的マクロ経済学とリアルビジネスサイクル理論
2004年	エドワード・プレスコット	アメリカ	アリゾナ州立	カーネギーメロン	動学的マクロ経済学とリアルビジネスサイクル理論
2005年	ロバート・オーマン	アメリカ（イスラエル）	イェルサレム	MIT	ゲーム理論における対立と協力の理解
2005年	トーマス・シェリング	アメリカ（イスラエル）	メリーランド	ハーバード	ゲーム理論における対立と協力の理解
2006年	エドムンド・フェルプス	アメリカ	コロンビア	イェール	マクロ経済政策における異時点間のトレードオフ
2007年	レオニード・ハーヴィッツ	アメリカ（ロシア）	ミネソタ	（ワルシャワ）	メカニズムデザインの理論的基礎
2007年	エリック・マスキン	アメリカ	プリンストン	ハーバード	メカニズムデザインの理論的基礎
2007年	ロジャー・マイヤーソン	アメリカ	シカゴ	ハーバード	メカニズムデザインの理論的基礎
2008年	ポール・クルーグマン	アメリカ	プリンストン	MIT	貿易パターンと経済活動の立地の分析
2009年	エリノア・オストロム	アメリカ	インディアナ	UCLA	経済的統治に関する分析
2009年	オリヴァー・ウィリアムソン	アメリカ	UCバークレー	カーネギーメロン	経済的統治に関する分析

第15章　ノーベル経済学賞の忘れもの　259

年	名前	国籍（出身国）	受賞時大学	博士号取得大学	受賞理由
2010年	ピーター・ダイアモンド	アメリカ	MIT	MIT	労働経済のサーチ理論
	デール・モーテンセン	アメリカ	ノースウェスタン	カーネギーメロン	
	クリストファー・ピサリデス	イギリス（キプロス）	LSE	LSE	
2011年	トーマス・サージェント	アメリカ	ニューヨーク	ハーバード	マクロ経済の原因と結果の実証的研究
	クリストファー・シムズ	アメリカ	プリンストン	ハーバード	
2012年	アルヴィン・ロス	アメリカ	ハーバード	スタンフォード	安定配分の理論と市場設計の実践
	ロイド・シャープレー	アメリカ	UCLA	プリンストン	
2013年	ユージン・ファーマ	アメリカ	シカゴ	シカゴ	資産価格の実証分析
	ラース・ハンセン	アメリカ	シカゴ	ミネソタ	
	ロバート・シラー	アメリカ	イェール	MIT	
2014年	ジャン・ティロール	フランス	トゥールーズ第一大学	MIT	市場支配力と規制の分析
2015年	アンガス・ディートン	アメリカ（イギリス）	プリンストン	ケンブリッジ	消費・貧困・福祉の分析
2016年	オリバー・ハート	アメリカ（イギリス）	ハーバード	プリンストン	契約理論
	ベント・ホルムストローム	フィンランド	MIT	スタンフォード	
2017年	リチャード・セイラー	アメリカ	シカゴ	ロチェスター	行動経済学

出所：http://www.nobelprize.org/nobel_prizes/economics/laureates/

索引

- ●配列は五十音順．＊は人名を示す．

●あ　行

アーサー・ピグー＊　167
アーシュラ・K・ウェッブ＊　25
アーロン・ディレクター＊　75
青木昌彦＊　247
アカロフ　123
アクセルロッド＊　38
アジアの奇跡という幻想　120
アジアのドラマ　157
新しい古典派　49, 50
新しい産業組織論　83
アドバース・セレクション　125
アノマリー　213
アベノミクス　70
雨宮健＊　247
アミー・フィンケルシュタイン＊　237
アメリカ型市場主義　158
アメリカの経済変動　59
アメリカのジレンマ　157
アメリカ流ケインジアン　21
アラン・クルーガー＊　225
アルバー・ミュルダール＊　156
アルバン・ウイリアム・フィリップス＊　77
アルフレッド・ノーベル＊　7
アルフレッド・マーシャル＊　18
アレ＊　242
アロー＊　29, 94, 158, 221, 245
アンドレ・シュライファー＊　236
アンナ・シュワルツ＊　75
E・H・チェンバレン＊　190
イェレン・ジャネット＊　124
生きた民主主義　14
イギリス式オークション　194
一位価格オークション　194
一括均衡　129
一般可能性定理　33
一般均衡分析　27
一般均衡理論　26, 164
伊藤清＊　102
イノベーション　33
インセンティブ規制　134
インパルス反応関数　69

ヴィックレー＊　193
ウイリアム・シャープ＊　98
ウイリアムソン＊　144, 174, 247
ヴィルフレド・パレート＊　31
受入保留方式　200
宇澤弘文＊　128, 247
エイモス・トヴァスキー＊　210
エージェンシー・コスト　148
エージェンシー理論　148
エージェント　125
エージェント・ベース・シミュレーション　179
エコノメトリク・ソサイエティ　13
エコノメトリクス　13
エスター・デュフロー＊　192
江藤進＊　164
エドワード・プレスコット＊　47, 67
エビデンスに基づいた政策形成　15
エブセイ・ドーマー＊　42
エマニュエル・サエズ＊　236
エリ・ヘクシャー＊　108, 156
LINKプロジェクト　60
エルゴート性　176
エルヘイナン・ヘルプマン＊　117
大江健三郎＊　9
オークション理論　194
オースチン・ロビンソン＊　108
大隅良典＊　9
オスカー・モルゲンシュテルン＊　36, 96, 197
オストロム＊　247
オプション取引　101
オプトアウト方式　218
オプトイン方式　218
オランダ式オークション　194
オリーン＊　107

●か　行

カード＊　224
カーネマン　209, 215, 228
外生的成長理論　44
価格と生産　161
価格理論のレンズ　81

確実性効果　213
価値自由　158
価値と資本　26
貨幣的均衡　156
貨幣発行自由化論　163
カルドア*　160
観察の理論負荷性　159
企業の本質　141
危険回避的　97
規制の虜　82
期待効用関数　96
逆流効果　158
キャス・サンスティーン*　217
旧厚生経済学　32, 167
q 理論　92
供給曲線　19
協力ゲーム　37
金融工学　99
空間経済学　118
クープマンス*　241
グスタフ・カッセル*　107, 156
クヌート・ヴィクセル*　156
クライヴ・グレンジャー*　69
クライン*　58, 221, 241
クラウディング・アウト　53
クラリベイト・アナリティクス引用栄誉賞　252
クリオメトリクス　174
クルーグマン*　10, 117, 222, 247
グレゴリー・マンキュー*　55
グンナー・ミュルダール*　107
景気循環理論　13
経済学帝国主義　84
経済分析の基礎　16
経済倫理学　167
ケイパビリティ　168
係留バイアス　212
計量経済学　13
ケインズ*　25
ケインズ革命　59
ケインズ伝　245
ゲームの理論と経済行動　37
ゲーム理論　36
ケネス・アロー*　166
ケビン・M・マーフィー*　235
限界費用論争　141

顕示選好理論　20
ゲンツコウ*　233
限定合理性　206
恒常所得仮説　75, 76, 184
厚生経済学の第一定理，第二定理　31
構造推定　223
行動洞察チーム　218
行動経済学　22, 54, 205
後方連関効果　118
効用最大化　19
功利主義　32
合理的期待形成仮説　47, 50
合理的嗜癖モデル　87
合理的選択の行動主義的モデル　206
合理的な愚か者　169
コース*　140, 174, 241, 242
コースの定理　144
小島武仁*　198
個人内葛藤　213
固定相場制　113
コミットメント　169, 179
コモンズの悲劇　144
コンドルセ・パラドックス　33

●さ　行
最後通牒ゲーム　169
最適通貨圏　115
サイモン*　54, 205, 228
先物取引　101
サミュエルソン*　12, 16, 29, 41, 46, 91, 127, 189, 221, 245
産業組織論　133
サンクコスト　146
三本の柱　70
CAPM 理論　98
ジェームス・トービン*　17
ジェラール・ドブリュー*　31
シェリング*　178
シカゴ学派　81
時間選好率　162
時間選好理論　92
自己選抜バイアス　63, 222
自生的秩序　162
事前・事後分析　157
自然失業率　77
自然失業率仮説　76

自然実験　223
自然成長率　42
実験経済学　189
しっぺ返し戦略　39
資本主義と自由　78
資本の純粋理論　162
シムズ*　66
社会選択論　166
社会的基本財　168
社会的費用の問題　141
ジャン・ジャック・ラフォン*　133
ジャン・ティンバーゲン*　15
ジャン・ロシェ*　135
囚人のジレンマ　37
収入同値定理　195
需要曲線　19
馴化　219
純粋な利他性　169
シュンペーター*　91, 189
乗数効果　42
消費者理論　13
情報の経済学　22, 34, 82
ジョージ・アカロフ*　127
ジョージ・スティグラー*　75
ジョーン・ロビンソン*　128, 244
ジョナサン・レヴィン*　236
所有権理論　148
ジョン・コモンズ*　66
ジョン・フォン・ノイマン*　36, 96
ジョン・ベイツ・クラーク賞　17, 221
ジョン・ミュース*　47
ジョン・メイナード・ケインズ*　18
ジョン・リスト*　192
ジョン・ロールズ*　166
シラー*　228
白川英樹*　9
進化心理学　208
新貨幣数量説　76
新厚生経済学　32, 167
新古典派総合　21
新自由主義者　77
新制度派経済学　141, 176
人的資本理論　86
心理会計　216
スウェーデン王立科学アカデミー　11
スウェーデン型福祉国家　158

スウェーデン国立銀行　9
スーザン・C・アシュリー*　236
数量経済史　173
鈴村興太郎*　167
スタグフレーション　21
スティグラー*　79, 241
スティグリッツ*　10, 123, 127, 221
ストーン*　245
ストルパー・サミュエルソン定理　110
スペンス*　221
スミス*　189
スワップ取引　101
正義の哲学　166
正義論　168
制度原論　177
セイラー*　215, 228, 241
絶対優位　108
セン*　165, 242
前方連関効果　118
戦略的同値性　194
想起しやすさバイアス　212
ソマティック・マーカー　209
ソ連型共産主義　158
ソロー*　40, 94, 123, 221, 246, 250
損失回避性　213

●た　行
大脱出　185
代表性バイアス　211
高田保馬*　248
ダニエル・マクファッデン*　62
ダロン・アシモグル*　236
小さな政府　74
チェティ*　231
チェンバリン*　91
チャリング・クープマンス*　30
調達と規制のインセンティブ理論　134
賃金の理論　29
D・H・ロバートソン*　108
ディートン*　182
ディートンのパラドックス　185
ティロール*　133
ティンバーゲン*　59, 245
デーブ・ドナルドソン*　237
デール・ジョルゲンソン*　66
デビッド・リカード*　108

デュフロ＊　229
デリバティブ　100
トヴァスキー＊　215
トービン＊　42, 48, 69, 90, 221, 241
トービン税　94
トーマス・サージェント＊　47, 67
独裁者ゲーム　169
ドブリュー＊　242
トリグヴェ・マグヌス・ホーヴェルモ＊　15
取引費用　141
取引費用経済学　146

●な　行
内生的経済成長モデル　45
ナッジ　217
ナッシュ＊　35
ナッシュ均衡　37
二位価格オークション　194
ニコラス・カルドア＊　25, 244
ニュー・エコノミクス　42, 94
ニューロエコノミクス　213
ニュー・ケインジアン　48
ニューケインズ学派　54
人間開発報告書　168
人間発達指標　167
ネオ厚生経済学　168
ネットワーク効果　136
ノース＊　173

●は　行
バーグソン＊　91
ハート　149
ハーバート・サイモン＊　47
ハーバード学派　81
ハーン＊　250
バイアス　211
ハイエク＊　160, 240, 241, 246
波及効果　158
バブル経済　191
浜田宏一＊　70
パレート効率性　31
ハロッドのナイフ　246
ハロッドの刃　43
ハロルド・ホテリング＊　30, 75
ハンセン＊　91

反トラストのシカゴ革命　81
ピエロ・スラッファ＊　244
比較制度分析　147
比較優位　109
非協力ゲーム　37
非自発的失業　48
ヒックス＊　24, 93, 157, 158, 160, 240, 245, 248
ヒューリスティクス　208
費用積み上げ　134
貧困の罠　185
貧乏人の経済学　230
フィールド実験　192
フィールド実験革命　231
フィッシャー・ブラック＊　100
フィリップス曲線　47
フィン・キドランド＊　52
フェルプス＊　92
フォーカル・ポイント　180
フォーク定理　38
不確実性下の判断　211
不可能性定理　33, 167
不完備契約　151
複雑性　164
複数均衡モデル　45
藤田昌久＊　117, 247
部分均衡分析　27
プライス・キャップ規制　134
ブラック・ショールズ方程式　102
フランク・H・ハーン＊　31
フランク・ナイト＊　17, 75, 80
フランク・ハーン＊　128, 248
フランコ・モディリアーニ＊　76
フリードマン＊　46, 50, 69, 73, 85, 221, 241
フリードリッヒ・フォン・ハイエク＊　25
フリッシュ＊　12, 59, 245
プリンシパル　125
プレスコット＊　50
ブレトンウッズ体制　115
プロスペクト理論　212
プロセス・イノベーション　34
プロダクト・イノベーション　34
分離均衡　130
分離定理　93
ヘクシャー・オリーン定理　107
ベクトル自己回帰（VAR）モデル　68

ベッカー*　84, 221, 227, 241
ヘックマン*　62, 221, 247
ペリー修学前プロジェクト　64
変動相場制　113
ヘンリー・シュルツ*　75
法と経済学　81
ポートフォリオ資産選択理論　95
ポートフォリオ理論　92, 96
ホーマー・ジョーンズ*　74
ポール・ミルグロム*　196
ホールドアップ問題　146
ポジティブ・フィードバック　119, 157
保証成長率　42
ポスト・シカゴ学派　83
ほとんど理想的な需要システム　184
ホモエコノミカス　228

●ま　行
マーケットデザイン　193, 197
マーコヴィッツ*　92, 95
マートン・ミラー*　99, 215
マーリーズ*　245
マイロン・ショールズ*　93, 99
マクファデン*　221, 247
マクロエコノミクス　13
マスグレイブ*　91
マックス・ウェーバー*　158
マックス・プランク*　20
マッチング　197
マネタリズム　50, 74, 77, 95
満足化原理　211
マンデル*　112
マンデル・フレミング・モデル　112
ミード*　240, 245
ミクロ計量経済学　63
見せかけの利他性　169
ミハエル・カレツキ*　244
ミュルダール*　156, 246
ミルトン・フリードマン*　95
無作為比較対照法　223
メニュー・コスト　55
モラル・サイエンス　18
モラル・ハザード　125, 147
森嶋通夫*　59, 247
モンペルラン・ソサイエティー　80, 160

●や　行
ヤードスティック規制　134
ヤコブ・ヴァイナー*　17, 74
ヤバい経済学　226
誘因両立条件　130
ユージン・ファーマ*　215
ユーリ・サニコフ*　237
湯川秀樹*　9
良い経済学　悪い経済学　120
ヨゼフ・シュンペーター*　17, 246
ヨゼフ・スティグリッツ*　17
IV法　223

●ら　行
ライオネル・ロビンズ*　25
ライフサイクル仮説　76
ライム　126
ラビン*　228
リアル・ビジネス・サイクル理論　45, 50, 52
離散選択モデル　64
利潤最大化　19
リプチンスキー定理　110
流動性選好理論　92
両面市場モデル　136
累積的因果関係論　157
ルーカス*　45, 50, 51, 241
ルーカス批判　49, 61
ルートヴィヒ・フォン・ミーゼス*　160
隷属への道　160
レヴィット*　226
レオンチェフ　91, 240, 241
レオンチェフの逆説　110
レモン　126
レント・シーキング論　82
ロイ・ハロッド*　41, 245
ロイド・シャプレー*　198
ローズ・ディレクター*　75
ローレンス・クライン*　17
ロス*　197
ロナルド・G・フライヤー Jr.*　237
ロバート・ソロー*　17
ロバート・フォーゲル*　174
ロバート・ルーカス*　61, 215
ロビンズ*　160

ロングターム・キャピタル・マネジメント
　103

●わ　行
ワシリー・レオンチェフ*　17, 41, 110
ワシントン・コンセンサス　129, 130
ワルラス*　31

著者紹介

依田　高典（いだ・たかのり）

1965 年	新潟県に生まれる
1989 年	京都大学経済学部卒業
1995 年	京都大学大学院経済学研究科博士課程修了　博士（経済学）
現在	京都大学大学院経済学研究科教授
専攻	産業経済学，行動経済学
主な著書	『Broadband Economics: Lessons from Japan』Routledge (Taylor & Francis Group): London, 2009 年 1 月（日本学術振興会賞）
	『ブロードバンド・エコノミクス』日本経済新聞出版社，2007 年 3 月（日本応用経済学会学会賞）

放送大学教材　1548476-1-1911（テレビ）

現代経済学

発　行　2019 年 3 月 20 日　第 1 刷
　　　　2022 年 1 月 20 日　第 2 刷
著　者　依田高典
発行所　一般財団法人　放送大学教育振興会
　　　　〒105-0001　東京都港区虎ノ門 1-14-1　郵政福祉琴平ビル
　　　　電話　03（3502）2750

市販用は放送大学教材と同じ内容です。定価はカバーに表示してあります。
落丁本・乱丁本はお取り替えいたします。

Printed in Japan　ISBN978-4-595-31948-8　C1333